Collection dirigée par Alain Jacques

L'ÊTRE HUMAIN

PANORAMA DE QUELQUES GRANDES CONCEPTIONS DE L'HOMME

JACQUES CUERRIER
Professeur au Cégep de Saint-Jérôme

McGraw-Hill, Éditeurs
Montréal Toronto New York
Auckland Bogotá Caracas Hambourg Lisbonne
Londres Madrid Mexico Milan New Delhi Paris
San Juan São Paulo Singapour Sydney Tokyo

REMERCIEMENTS

Nous tenons particulièrement à exprimer notre reconnaissance et notre amitié à Serge Provost qui a fait une lecture attentive de notre manuscrit.

REMARQUE

Il est à signaler que, en règle générale, l'emploi du masculin dans ce manuel désigne également les hommes et les femmes et n'implique aucune discrimination.

Couverture, logo «Savoir Plus», maquette de la mise en pages : Denis Hunter
Sur la couverture : *Figures contrariées* (1957) de Paul-Émile Borduas.
Huile sur toile, 61 cm x 71 cm. Collection Lavalin inc.

L'Être humain,
panorama de quelques grandes conceptions de l'homme
© 1990, McGraw-Hill, Éditeurs
Montréal (Québec). Tous droits réservés.

Dépôt légal : 1er trimestre 1990
Bibliothèque nationale du Québec
Bibliothèque nationale du Canada
ISBN 0-07-549879-0

Imprimé et relié au Canada
67890   IG91   9876543

Avant-propos

La collection **Savoir Plus** a germé dans la ferveur des enseignants et des enseignantes de la philosophie au cégep. C'est pour cela qu'elle leur est réservée, qu'elle leur est destinée tout particulièrement.

C'est avec amour et respect pour les êtres qui leur sont confiés que les professeurs de philosophie ont élaboré des textes, des manuels et des manuscrits facilitant le contact avec ce qui s'avère plus qu'un savoir. Ces professeurs ont donc comblé, par eux-mêmes, le manque d'outils pédagogiques adéquats à leur enseignement. Souvent, ce fut un travail isolé, sans autre soutien que la volonté du chercheur authentique, sans autre objectif que celui d'être efficace, mieux compris, plus utile.

Lorsque le projet d'éditer du matériel didactique spécifique à la philosophie m'a été soumis, une évidence m'apparaissait inéluctable : qui, mieux que ceux et celles enseignant la philosophie au cégep, pouvait produire ce matériel ? C'est ainsi que j'ai visité les départements de philosophie du réseau collégial. J'y ai recueilli une manne généreuse, riche et variée.

Ce sont ces fruits que vous propose la collection **Savoir Plus** : la moisson de vingt années d'enseignement de la philosophie, le **plus** dont bénéficient les jeunes au Québec.

Alain Jacques

ORphelins = Aristote (p7) Nietzsche (p 18)

Table des matières

Chapitre 3
La personne comme être social

Chapitre 4
La personne comme être régi
par l'inconscient

Chapitre 5
La personne comme projet

Chapitre 6
L'être humain comme personne

Chapitre 7
La personne comme être de liberté

Introduction

Ce manuel s'adresse à des étudiants de niveau collégial qui suivent le cours de philosophie 340-301. Il veut répondre à l'objectif général suivant : initier à quelques grandes conceptions de l'être humain.

Mais qu'est-ce qu'une conception de l'être humain ? Selon l'optique qui nous intéresse, une conception de l'être humain correspond à une théorie de l'homme développée par un philosophe ou par un théoricien appartenant aux sciences humaines, définition qui se veut applicable à tous les humains. Une conception de l'être humain trace avec précision et rigueur un portrait de l'homme. Puisque ce manuel s'inscrit dans le cadre d'un cours de philosophie de 45 heures, il fallait faire une sélection parmi les grandes conceptions classiques et contemporaines de l'être humain. Qu'est-ce qui a guidé notre choix ? D'abord et avant tout, le souci de privilégier une approche pluraliste. À notre sens, aucun système conceptuel unique ne pouvant rendre compte de la réalité humaine sans tomber dans le plus inacceptable **réductionnisme***, nous avons donc favorisé une approche multidimensionnelle. En conséquence, il nous est apparu essentiel de présenter des analyses de l'être humain variées et même parfois opposées. Nous en avons choisi neuf, qui correspondent aux neuf chapitres de ce volume. Cependant, il ne saurait être question ici de présenter l'exposé détaillé, ni le résumé de l'ensemble de la philosophie des auteurs retenus. Nous nous contenterons alors de donner un aperçu de leur conception de l'être humain.

Mais pourquoi, se demandera-t-on peut-être, recourir à l'étude de la philosophie pour réaliser une telle initiation à des conceptions de l'homme ? Tout simplement parce que c'est à elle que revient traditionnellement la responsabilité de répondre d'une manière systématique et globale à la question : « qu'est-ce que l'homme ? ». D'ailleurs, la philosophie correspond à cette aspiration légitime de comprendre rationnellement l'humain et sa condition. En effet, l'un des buts fondamentaux de la

* Les mots en caractères gras sont définis dans le glossaire à la fin de l'ouvrage.

philosophie est d'éclairer la condition humaine en lui donnant un sens, un sens qui se veut **totalisant,** alors que la science explique la réalité d'un phénomène particulier sans en dégager la signification humaine inhérente. La philosophie est d'abord un ensemble de réponses aux interrogations constantes que l'être humain pose à sa propre conscience. Le problème de la personne[1] et de sa condition constitue le point central de toute l'histoire de la philosophie. À travers les âges, des penseurs ont réfléchi sur ce que nous sommes en tant qu'humains. Ils se sont fait une « idée », ils ont élaboré une représentation de l'homme. Ils ont tenté d'analyser en profondeur ce que nous sommes pour en donner une explication cohérente et globale (c'est ce qui caractérise toute conception de l'être humain digne de ce nom). Bref, ils ont systématisé leurs conceptions de la personne dans des écrits déterminants pour l'évolution de la pensée et pour la connaissance de l'humain. C'est à cette connaissance et à cette compréhension de quelques conceptions de l'être humain (certaines tributaires de notre héritage culturel, d'autres, plus contemporaines, qui influencent notre manière actuelle d'être, de penser et d'agir) que ce manuel vous invite.

Toutefois, il ne serait pas approprié de recevoir et d'assimiler mécaniquement ces conceptions de la personne, ni même de les comprendre au sens où l'on comprend des mots et des phrases. Il ne s'agira pas d'apprendre ce savoir constitué comme on acquiert une loi de mécanique ondulatoire ou comme on maîtrise une équation trigonométrique. Afin de retirer de ce cours autre chose que de la « culture philosophique », et pour rendre ce savoir vivant, il ne faudra pas aborder ces conceptions de l'être humain avec la seule raison. Il serait nettement préférable que vous vous laissiez imprégner, « féconder » par elles. Vous devriez accepter de vous ouvrir à ces conceptions de la personne, c'est-à-dire de vous sentir concernés par elles, fascinés, bouleversés même, jusqu'à vous remettre en question ; ou, au contraire, être indignés, révoltés ou, tout simplement, être amenés à penser autrement.

Le but que poursuit ce manuel n'est surtout pas de vous inciter à choisir l'une ou l'autre des conceptions de l'être humain présentées. Chacune d'elles apporte un éclairage intéressant et pertinent sur l'homme, mais aucune ne peut, à elle seule, prétendre à la vérité absolue. Si vous voulez éviter les pièges du **dogmatisme** ou du réductionnisme, nous vous suggérons d'adopter une attitude ouverte mais critique.

À cette fin, ce manuel contient aussi neuf activités d'apprentissage où vous serez invités à produire des réflexions articulées et personnalisées.

---

1. L'expression « personne » est ici et sera parfois utilisée dans ce manuel en lieu et place de l'expression « être humain » ou de l'expression « homme ». Les raisons qui motivent une telle utilisation sont simples. En Occident, « personne » et « être humain » désignent une seule et même réalité : l'homme ; en outre, « personne » apporte de la variété dans la dénomination de cet animal étrange que nous sommes ; enfin, « personne » a l'avantage de représenter aussi bien les hommes que les femmes. Conséquemment, il ne faut pas chercher dans cette expression une quelconque référence à la philosophie personnaliste d'Emmanuel Mounier qui sera explicitée au chapitre 6.

En règle générale, chacune de ces activités d'apprentissage vous permettra de vous situer personnellement face à la problématique soulevée par la conception de l'être humain qui vous aura été préalablement présentée[2]. Une telle confrontation aura peut-être comme résultat (c'est ce que nous vous souhaitons) de vous donner le goût d'élaborer votre propre conception de la personne, ou, du moins, d'entreprendre une démarche de questionnement sur ce qu'est l'être humain, ou encore de réfléchir à ce qui fait votre propre humanité.

Bonne réflexion philosophique et bonne session !

---

2. La réalisation de ces activités d'apprentissage contribuera également à perfectionner chez vous des aptitudes intellectuelles comme l'analyse, la synthèse et l'évaluation critique, aptitudes essentielles à la constitution d'une vision réfléchie et signifiante de l'être humain et de sa condition.

1 La personne comme être de raison

Platon, Aristote, Descartes

Qu'est-ce qu'un être de raison ?

À travers l'histoire de la philosophie, bon nombre de penseurs se sont représenté la personne comme un être caractérisé fondamentalement par la raison. La personne est un être de raison dans le sens où elle est capable d'établir la vérité (c'est-à-dire de discerner le vrai du faux) en formant des concepts et en produisant des raisonnements. En d'autres mots, en se servant de sa raison, elle cherche à établir un **discours** rigoureux et cohérent sur le monde et sur elle-même. Selon plusieurs philosophes, cette particularité de la personne la définit essentiellement, fait son originalité et sa richesse.

L'objectif de ce premier chapitre est d'aborder brièvement trois grands esprits (Platon, Aristote et Descartes) qui ont décrit la personne comme un être de raison.

Dans le monde occidental, le triomphe de l'esprit de raison prend sa source dans la philosophie grecque, qui, la première, tente de connaître et d'établir la vérité sans faire appel à l'interprétation **mythique.** En effet, pour la philosophie grecque classique, la personne est un être de raison qui réussit à se dégager de la conscience mythique pour enfin accéder à la compréhension raisonnée du monde et de l'homme lui-même. Nous assistons à la naissance du premier grand **rationalisme.**

1

La conception platonicienne de l'être humain

*Premier
rationaliste
dualiste*

> *C'est à la fonction raisonnante qu'il sied
> de commander, en tant qu'elle est sage et
> que pour l'âme tout entière, elle est une
> providence supérieure.*
>
> Platon, La République, IV / 441e

Qui est Platon ?

Il serait présomptueux de vouloir présenter la vie et la personnalité de Platon avec précision et exactitude. Trop d'éléments rapportés pour vrais semblent relever de l'idéalisation ou de la légende pour qu'on y accorde de l'importance. Nous ne présenterons donc que les données essentielles acceptées comme vraisemblables par les biographes de Platon.

C'est à Athènes, en l'an 427 av. J.C., que celui que l'on considère comme le fondateur de la philosophie occidentale voit le jour. Issu d'une famille aristocratique, il a droit à la meilleure éducation : professeurs d'arithmétique, de géométrie, d'astronomie et de dessin, maîtres de **rhétorique,** de cithare et de gymnastique. Son ambition est d'entrer dans la carrière politique. Mais l'époque troublée dans laquelle Platon évolue ne s'y prête guère. En effet, la Grèce est alors constituée d'une multitude de cités autonomes en guerre continuelle les unes contre les autres, ou contre des nations unifiées comme la Perse. De 431 à 404, la guerre du Péloponnèse amène la destruction, la terreur et la mort. En outre, la démocratie athénienne récemment rétablie est bêtement menée par des *sophistes* **démagogues.**

Alors que Platon est âgé de 20 ans, il rencontre Socrate[1]. Il devient son disciple et le suivra pendant huit ans. Platon décrira Socrate comme l'homme « le meilleur, et, en outre, le plus sage et le plus juste[2] ». En 399, Platon est atterré par la mort de Socrate, condamné à boire la ciguë, sous l'inculpation d'avoir corrompu la jeunesse et de ne pas avoir cru aux dieux d'Athènes. Il fuit donc la polémique et séjourne quelque temps à Mégare (petite ville située non loin d'Athènes). Puis, il aurait entrepris un long voyage le menant en Égypte, en Cyrénaïque, en Sicile et, enfin, à l'île d'Égine. En 387, il rentre à Athènes et fonde une école philosophique : l'*Académie.* Il y réside et y enseigne jusqu'à sa mort, en 347 av. J.C.

L'œuvre écrite de Platon peut nous éclairer sur la nature et la personnalité de ce grand penseur. On peut y lire un goût marqué pour la vie contem-

---

1. Socrate (470-399 av. J.C.) fut un maître à penser d'un type bien particulier. Par tous les temps, il fréquentait l'agora (place publique) et se présentait comme « celui qui ne sait rien ». De façon incessante, il interrogeait ses disciples, discutait avec eux dans le but avoué d'« accoucher » les esprits de la vérité qu'ils possédaient déjà en eux-mêmes... N'ayant jamais rien écrit lui-même, nous connaissons Socrate et sa pensée par les *Dialogues* platoniciens.

2. *Phédon,* 118a. Il est à noter que les références et les citations présentées dans ce texte proviennent des *Œuvres complètes* de Platon (traduction de Léo Robin), publiées aux éditions Gallimard dans la Bibliothèque de la Pléiade, t. I et t. II, 1950.

plative et ascétique. Platon y apparaît comme un homme obsédé de rationalité, perfectionniste, épris de clarté, d'harmonie et d'ordre. Il voue un culte à la recherche de la Vérité toujours à atteindre, jamais totalement conquise.

Une question fondamentale : « Qu'est-ce que l'homme ? »

Platon définit l'être humain comme « un vivant mortel qui possède une âme, qui possède un corps[3] ». Voyons d'abord ce qu'il dit de l'âme. L'âme humaine comporte trois éléments distincts, ou trois modes distincts d'activité :

L'élément concupiscible occupe « le plus gros de l'âme et, par nature, est le plus insatiable de s'enrichir[4] ». C'est la partie de l'âme qui désire et qui est attachée aux plaisirs des sens. Elle habite le ventre et correspond aux appétits inférieurs. En cela, elle répond aux pulsions et aux besoins : aimer, manger, boire, etc.

L'élément rationnel, en permettant la réflexion et le raisonnement, distingue l'homme de tous les autres êtres vivants.

> Le sens du mot *anthrôpos,* « homme », est que, les autres animaux étant incapables de réfléchir sur rien de ce qu'ils voient, ni d'en raisonner, ni d'en « faire l'étude », *anathreïn,* l'homme au contraire, en même temps qu'il voit, autrement dit qu'« il a vu », *opôpé,* « fait l'étude » aussi, *anathreï,* de ce qu' « il a vu », *opôpé,* et il en raisonne. De là vient donc que, seul entre les animaux, l'homme a été à bon droit nommé « homme », *anthrôpos* : « faisant l'étude de ce qu'il a vu », *anathrôn-ha-opôpé*[5].

La dimension rationnelle de l'âme se situe dans la tête et sa principale fonction consiste à se dresser contre l'appel des désirs. Parce que cette *âme raisonnante* participe au divin (en ayant accès au monde intelligible[6]), elle doit surveiller l'élément concupiscible pour qu'il ne s'accroisse ni ne prenne de la vigueur. « C'est à la fonction raisonnante, affirme Platon, qu'il sied de commander, en tant qu'elle est sage et que pour l'âme tout entière, elle est une providence supérieure[7]. »

L'élément cœur siège dans la poitrine et est « pour la fonction raisonnante, un auxiliaire naturel, à moins d'avoir été complètement corrompu par une mauvaise éducation[8] ». Généralement porté vers ce qui est beau et bon, il « prend les armes pour soutenir le parti de la raison » contre les désirs. L'individu courageux (c'est-à-dire celui qui a du cœur) est celui qui

---

3. *Phèdre,* 246 c.
4. *La République,* IV / 442a.
5. *Cratyle,* 399c.
6. Le monde intelligible correspond au *monde des Idées.* Une explication en sera donnée un peu plus loin dans ce texte. Voir: Conception platonicienne de l'univers.
7. *La République,* IV / 441e.
8. *Ibid.,* IV/ 441a.

sauvegarde, à travers peines et plaisirs, les préceptes de la raison en la secondant dans sa tâche de mater les désirs et les besoins.

Pour nous faire comprendre ces trois dimensions de l'âme humaine, Platon utilise dans le *Phèdre*[9] l'**allégorie** d'un équipage de deux chevaux conduit par un cocher. Le cheval noir, rebelle et indiscipliné, n'écoute que ses élans sauvages. À tous moments, il risque d'entraîner l'attelage hors de la route (du Bien). Il symbolise *l'élément concupiscible* de l'âme. Le cheval blanc, d'excellente race, courageux, suivra le droit chemin s'il est bien mené. Il représente *l'élément cœur* de l'âme humaine. Le cocher, qui sait où il va, doit dominer le cheval noir et diriger le cheval blanc. À l'image de la raison, il impose sa direction à l'équipage pour le mener à bon port. Même si cela constitue « une tâche pénible et malaisée », il appartient au cocher de gouverner l'attelage avec fermeté, comme il est du ressort de la raison de « tenir les rênes de notre âme ». Donc, il revient à la dimension rationnelle de commander à l'aspect concupiscible de l'âme et, qui plus est, de régir le corps en tant que tel.

Mais comment Platon conçoit-il le corps de l'homme ? Il le définit comme une image qui accompagne chacun de nous[10]... Et selon lui, aucune image ne reproduit parfaitement le modèle duquel elle est issue ! Platon présente le corps comme une espèce de prison où l'âme est « enchaînée à lui comme l'huître l'est à sa coquille[11] !... » Le corps est ce « mal » qui infecte notre âme en nous tenant « en esclavage » et en causant « mille entraves à notre chasse au réel[12] ». Puisqu'il constitue la source des passions, le corps s'oppose radicalement à l'**hégémonie** de l'âme. Les choses qui satisfont le corps « ont, à la vérité comme à la réalité, une moindre part que celles qui, de leur côté, concernent l'entretien de l'âme[13] ». Ces quelques passages nous indiquent clairement que Platon possède une vision fort négative du corps. En effet, pour lui, le corps contamine l'âme en nous détournant du Vrai, du Bien et du Beau.

> Si nous devons jamais avoir une pure connaissance de quoi que ce soit, il nous faut nous séparer du corps, et avec l'âme en elle-même, contempler les choses en elles-mêmes... En outre, pendant que nous vivons, le moyen, semble-t-il, d'être le plus près de la connaissance, c'est d'avoir le moins possible commerce avec le corps, pas davantage de nous associer à lui à moins de radicale nécessité, pas davantage de nous laisser contaminer par la nature de celui-ci, mais au contraire nous en purifier, jusqu'au jour où la Divinité en personne nous en aura déliés[14].

---

9. *Phèdre*, 246a-247c.
10. *Lois*, XII, 959b.
11. *Phèdre*, 250c.
12. *Phédon*, 66a-67a.
13. *La République*, IX, 585d.
14. *Phédon*, 66d-67b.

L'essentiel sur terre est donc de délivrer l'âme du corps et du monde sensible en choisissant une vie contemplative et ascétique fondée sur l'abstinence des plaisirs. L'ascétisme que propose Platon ne correspond pas à un régime tyrannique auquel on soumettrait notre corps en le mortifiant et en le faisant mourir à petit feu. Pour éviter que le corps ne prenne trop de place au détriment de notre âme — qui, seule, peut rechercher et contempler le monde des Idées —, Platon suggère « que l'action puissante des plaisirs soit le plus possible privée d'exercice[15]... » Aurait-il été jusqu'à nous suggérer de vivre comme ces moines bouddhistes zen qui résident dans les montagnes du nord du Japon ? Cette secte, vénérant la personne du Bouddha historique (536-480 av. J.C.), pratique le renoncement, la compassion infinie envers tous les êtres et l'oubli de soi. Afin d'arriver à une concentration parfaite de la pensée, les moines bouddhistes zen japonais s'astreignent à une existence des plus austères. Ils se lèvent à quatre heures du matin ; procèdent, dans le froid du petit matin, à des ablutions selon des règles strictes ; méditent pendant quatre heures en position assise face à un mur, sous la surveillance attentive d'un garde qui les frappe d'un coup de bâton s'ils s'endorment ou s'ils rêvassent ; prennent un petit déjeuner frugal ; etc.

Ainsi, à l'instar de ces moines bouddhistes zen, il vaut mieux mater notre corps terrestre si nous voulons que notre âme invisible et immortelle contemple indéfiniment les Idées pures. Cette valorisation de la dimension rationnelle de l'âme, chez Platon, s'explique par sa conception du monde. Il se représente l'univers divisé en deux mondes distincts. Ici-bas, il y a le *monde sensible* en perpétuel changement et totalement imparfait. Ce monde terrestre est subordonné au *monde des Idées* situé là-haut. Les Idées ont une vie autonome à l'extérieur de la raison et se situent au-dessus de ce qu'elles représentent. Le monde des Idées correspond à un monde immuable, idéal, parfait, objet de la pensée pure, modèle de tout ce qui existe. Les choses ne réussissent à être que par rapport aux Idées ; elles n'y participent que par imitation en n'étant que de pâles copies. Par exemple, les choses belles ne le sont qu'imparfaitement, que dans la mesure où elles imitent l'essence de la beauté, c'est-à-dire la Beauté en soi. Le cercle concret que je trace au tableau n'est que la reproduction imparfaite du cercle idéal, c'est-à-dire de l'Idée du cercle. Autre exemple, je ne pourrai vivre ici-bas que de petits amours imparfaits et incomplets en regard de l'Amour idéal.

Avec une telle représentation de l'univers, il va de soi que l'âme (du moins sa partie rationnelle) ne relève pas du monde sensible, mais appartient bel et bien au monde intelligible. D'origine divine, l'âme humaine est immortelle et éternelle. Elle a déjà été, elle est et elle sera. Platon démontre l'immortalité de l'âme, entre autres par la théorie de la réminiscence. Voyons brièvement de quoi il s'agit.

---

15. *Lois*, VIII, 841a.

Schéma de la conception platonicienne de l'univers

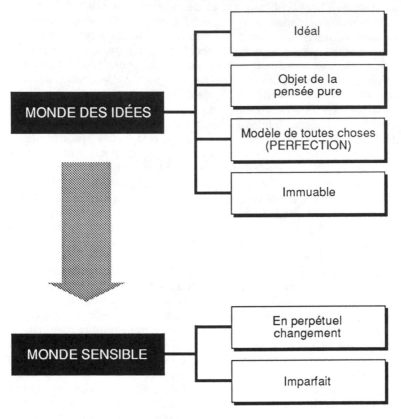

D'après Platon, nous ne pouvons connaître les choses que dans la mesure où nous nous *ressouvenons* de ce que nous avons déjà appris dans une existence antérieure. Et cela est possible parce que notre âme a existé « quelque part, avant de naître dans l'humaine forme que voici[16] ». En d'autres mots, c'est parce que notre âme existait déjà avant d'être liée à notre corps et qu'elle avait le loisir de fréquenter les Idées pures qu'elle peut aujourd'-hui accéder à la compréhension de l'essence des choses. Cependant, si elle se laisse envahir par le corps, elle sera enchaînée à lui, deviendra semblable à lui et sera entraînée dans le tourbillon du monde sensible. De sorte qu'à la mort, une telle âme — n'ayant jamais côtoyé le divin et le pur — se réincarnera rapidement dans un nouveau corps (un corps d'animal, par exemple, dont la nature correspondra à la sienne). Au contraire, si notre âme a su bien se détacher du corps pendant la vie terrestre, elle aura le privilège, après la mort du corps, de rompre le cycle des naissances pour

---

16. *Phédon,* 72e.

retrouver sa condition originelle, c'est-à-dire qu'elle pourra siéger auprès des dieux.

La philosophie platonicienne vise à contrôler, à réduire, à soumettre la vie sensible. Elle nous invite à renoncer aux sens et au corps si nous voulons nous mettre en quête de l'Intelligible. La conception platonicienne de l'être humain correspond à une volonté de s'élever au-dessus des choses sensibles grâce à la raison. Elle est la première systématisation rationnelle occidentale qui tente de répondre à la question « qu'est-ce que l'homme ? ». Et le portrait de l'être humain brossé par Platon revêt une telle profondeur que les philosophes occidentaux ont dû réfléchir à partir de Platon ou contre lui.

La conception aristotélicienne de l'être humain

actuelle
« Neoelique » ←

> *Le propre de l'homme est l'activité de l'âme, en accord complet ou partiel avec la raison...*
>
> Aristote, *Éthique à Nicomaque,* I, 6, 14

« L'empuriste » *(9-10)* *« incorpore »*

Quelques mots sur Aristote

Aristote est né en 384 av. J.C. à Stagire, cité grecque de Macédoine. Orphelin de père[17], il débarque à Athènes à l'âge de 17 ans. Il entre à l'*Académie* où il sera l'élève de Platon pendant 20 ans. On raconte — tellement était grande sa vivacité d'esprit — que Platon l'avait surnommé *Noûs,* c'est-à-dire Intelligence ou Pensée. Après la mort du maître, Aristote répond à l'appel de Philippe, roi de Macédoine, qui lui demande d'éduquer son fils Alexandre[18]. Le préceptorat dure huit ans. Vers l'an 335, Aristote revient à Athènes où il fonde sa propre école : le *Lycée*. Il y donne des leçons et y mène de nombreuses recherches pendant 12 années. Son œuvre écrite[19] reflète la diversité de son enseignement et touche tous les domaines de la connaissance intellectuelle et scientifique de son temps : philosophie (métaphysique, logique, rhétorique, morale, politique), mathématiques, physique, biologie, etc. Aristote s'est consacré toute sa vie à l'observation méticuleuse de la réalité. À la suite d'incessantes enquêtes et expérimentations, il en a systématisé le savoir. Au centre de ce savoir encyclopédique, on retrouve l'homme comme objet d'interrogations constantes. Aristote meurt en 322 av. J.C. et deviendra pour l'Occident celui que J.-F. Revel a appelé « l'homme qui voulait tout expliquer ».

---

17. Le père d'Aristote s'appelait Nicomaque et exerçait la médecine. Il était le médecin particulier d'Amyntas, roi de Macédoine.
18. Il s'agit du futur Alexandre le Grand qui, à la suite d'une vaste campagne militaire, devint maître de la Grèce et empereur d'Asie.
19. Les passages d'Aristote que nous citons sont tirés des traductions de J. Tricot publiées à la Librairie Philosophique J. Vrin.

L'homme comme totalité vivante

La philosophie de l'être humain que nous propose Aristote rejette la théorie platonicienne des Idées ; elle veut surmonter le dualisme entre l'âme et le corps instauré par Platon. « L'âme, écrit Aristote, ne peut être sans un corps... elle est dans un corps[20]... » C'est à une vision unifiée de l'homme que nous convie Aristote. Comme tout objet concret et comme tout être vivant, dit-il, l'homme est composé de forme et de matière. La forme correspond, en quelque sorte, à l'essence des choses, à leur principe intelligible doté du caractère de permanence et d'unité. Par exemple, la forme à l'œuvre dans l'homme est unique et éternelle malgré la diversité des individus : c'est l'âme. Quant à la matière, elle se trouve chez l'homme dans son corps. D'ailleurs, Aristote définit l'être humain comme une totalité vivante résultant d'une union substantielle de deux principes :
— la matière (le corps), principe indéterminé selon lequel l'homme est modelé ;
— la forme (l'âme), principe déterminant qui fait que l'homme est ce qu'il est.

Prenons un à un ces deux éléments d'une seule réalité : l'homme. Aristote considère le corps comme une espèce de substrat ou de matière qui possède la vie, mais qui ne caractérise pas fondamentalement l'être humain. Cependant, le corps permet (en tant que support) à une autre réalité (l'âme) de prendre forme. Il est, en quelque sorte, « l'instrument de l'âme ». Il ne peut exister sans l'âme qui lui octroie sa forme et l'habilite à accomplir les fonctions de la vie. Aristote compare le corps à l'airain (bronze) qui doit être façonné par le sculpteur pour devenir une statue. Aristote ne dénigre toutefois pas le corps, puisqu'il est la condition matérielle de l'existence réelle de l'âme et qu'il permet, en outre, d'appréhender le monde par les sens[21].

Inversement, l'âme n'existe pas en dehors du corps[22]. « L'âme est cause et principe du corps vivant[23] ». Elle est la forme, la cause première du corps qui vit. Aristote définit donc l'âme comme le principe vital par lequel le corps se trouve animé. Et, à ce titre, elle est engagée dans le sensible comme la substance formelle de l'homme que l'on retrouve dans tous les individus quelles que soient leurs différences. Donc, l'âme (la forme) n'est pas radicalement séparée du corps (la matière) ou superposée à lui, comme chez Platon. Au contraire, elle est immanente au corps, c'est-à-dire qu'elle réside dans le corps et le marque de son empreinte.

---

20. *De l'âme*, II, 2, 414a 20.
21. Il est à noter qu'Aristote considère les facultés sensitives non comme des obstacles à la connaissance intellectuelle, mais comme des instruments suffisants et nécessaires pour concevoir l'objet concret dans sa totalité. Par exemple, je peux, grâce à la vue et au toucher, percevoir une table comme étant carrée, grande, faite de bois laqué, solidement assise sur quatre pattes, etc. Cependant, la connaissance de la forme de la table nécessite une autre faculté, l'intellect, qui, lui, relève de l'âme.
22. Exception faite du composant le plus élevé de l'âme, la faculté *théorétique*, c'est-à-dire l'activité même de connaître.
23. *De l'âme*, II, 4, 415b, 5-10.

Chez Aristote, l'âme et le corps sont les deux éléments de l'être humain qui ont besoin l'un de l'autre pour donner l'individu concret et réel[24]. Par son corps animé, l'homme s'inscrit dans le réel et est périssable, tandis que par son âme, son *noûs* (sa pensée), il participe au divin et à l'éternel. Mais il n'en demeure pas moins que l'homme est un être vivant entier, composé d'une âme et d'un corps qui, ensemble, perçoivent des sensations, manifestent du courage ou expriment de la colère. Dans ce composé, l'âme constitue toutefois l'élément principal puisque – en tant que principe interne et irréductible – elle détermine l'être humain, autrement dit elle fait qu'il est ce qu'il est. « L'âme est, au sens primordial, ce par quoi nous vivons, percevons et pensons[25] ».

Les facultés de l'âme

Aristote accorde diverses fonctions à l'âme : la fonction *nutritive,* la fonction *sensitive*[26] et la fonction *intellective*. Passons-les rapidement en revue.

La *faculté nutritive* « est la première et la plus commune des facultés de l'âme, et c'est par elle que la vie appartient à tous les êtres. Ses fonctions sont la génération [la reproduction] et l'usage de l'aliment[27] ».

La *faculté sensitive* « est le réceptacle des formes sensibles sans la matière[28] ». En d'autres mots, les organes des sens (vue, ouïe, odorat, goût et toucher) perçoivent la forme (telle couleur, saveur ou son) des choses et des êtres, sans pour autant en recevoir la matière. Aristote donne l'exemple de la cire qui reçoit l'empreinte de l'anneau d'or ou de fer, mais sans recevoir ni l'or ni le fer en tant que tel. En outre, une autre instance, un « sens commun », chapeaute les cinq sens particuliers. En plus d'offrir à l'individu la conscience de sa sensation, le « sens commun » permet des comparaisons entre les données de ses sens spécialisés[29]. Ainsi, lorsque je vois au loin devant moi un objet blanc, c'est mon « sens commun » qui me permet d'identifier mon amie, vêtue d'une robe blanche, et venant vers moi. Aristote traite aussi de l'imagination qui prolonge la sensation lorsque l'objet perçu n'est plus là : « L'imagination est la faculté en vertu de laquelle nous disons qu'une image se produit en nous[30] ». Or, selon Aristote, les hommes recourent à cette faculté – qui offre pourtant de grandes possibilités d'erreur dans l'appréhension objective du réel – « parce que leur intelligence est quelquefois obscurcie par la passion, ou les maladies, ou le sommeil[31]... »

La *faculté intellective*. Malgré que l'imagination puisse nous tromper, il n'en demeure pas moins que, chez Aristote (n'oublions pas qu'il est **empi-**

---

24. Notons qu'en unissant ainsi le corps à l'âme, Aristote rejoint la vision contemporaine du rapport corps/esprit.
25. *Ibid.,* II, 2, 414a 10-15.
26. De l'âme sensitive découlent deux autres fonctions : la fonction désirante et la fonction motrice que nous n'expliciterons pas ici.
27. *De l'âme,* II, 4, 415a 25.
28. *Ibid.,* II, 12, 424a 20.
29. *Ibid.,* III, 1 et 2.
30. *Ibid.,* III, 3, 428a.
31. *Ibid.,* III, 3, 4, 429a 5.

Kant

riste), la connaissance humaine débute par la sensation et l'imagination, qui servent en quelque sorte de matière à l'intellect. « D'une part, en l'absence de toute sensation, affirme-t-il, on ne pourrait apprendre ou comprendre quoi que ce fût, et d'autre part, l'exercice même de l'intellect doit être accompagné d'une image, car les images sont semblables à des sensations sauf qu'elles sont immatérielles [c'est-à-dire, note J. Tricot, qu'aucun objet matériel ne leur correspond][32]. » Aristote définit l'intellect comme « ce par quoi l'âme pense et conçoit[33] ». Donc, de manière à ne pas altérer les formes qu'il doit appréhender, l'intellect doit être « séparé, impassible et sans mélange » en regard de la matière, c'est-à-dire indépendant du corps.

D'après Aristote, l'âme humaine, dans sa perfection, correspond à l'activité de la pensée ou à l'intellect qui est « la partie la plus noble... la plus divine... la plus haute... la meilleure partie de nous-mêmes ». Cette faculté ou activité **noétique** permet d'accéder à « la joie de connaître » à la seule fin de savoir, et elle est la seule à se suffire pleinement à elle-même, puisque son but est en elle-même, alors que les activités pratiques ne cessent de poursuivre des buts qui leur sont extérieurs.

> L'homme doit, dans la mesure du possible, s'immortaliser, et tout faire pour vivre selon la partie la plus noble qui est en lui ; car même si cette partie est petite par sa masse, par sa puissance et sa valeur, elle dépasse de beaucoup tout le reste. On peut même penser que chaque homme s'identifie avec cette partie même, puisqu'elle est la partie fondamentale de son être, et la meilleure. Il serait alors étrange que l'homme accordât la préférence non pas à la vie qui lui est propre, mais à la vie de quelque chose autre que lui. Et ce que nous avons dit plus haut s'appliquera également ici : ce qui est propre à chaque chose est par nature ce qu'il y a de plus excellent et de plus agréable pour cette chose. Et pour l'homme, par suite, ce sera la vie selon l'intellect, s'il est vrai que l'intellect est au plus haut degré l'homme même. Cette vie-là est donc aussi la plus heureuse[34].

Considérant que le but de la vie humaine est la recherche des plaisirs, Aristote accorde à l'activité de la pensée le plus grand des plaisirs, le plaisir le plus pur, celui qui apporte le plus grand bonheur. L'exercice de cette faculté suprême qui projette une sorte de lumière intelligible et divine sur les êtres et les choses correspond donc à la seule manière de « bien vivre », et — en nous rendant semblables aux dieux — nous définit essentiellement comme être humain.

---

32. *Ibid.*, III, 8, 432a, 5-10.
33. *Ibid.*, III, 4, 429a, 20-25.
34. *Éthique à Nicomaque*, X, 7, 1177a 11-1178a 9.

La conception cartésienne de l'être humain

> *Pour la raison ou le sens, d'autant qu'elle est la seule chose qui nous rend homme et nous distingue des bêtes, je veux croire qu'elle est tout entière en un chacun...*

Descartes, *Discours de la méthode,* I, Pléiade, p. 126

Qui est Descartes ?

René Descartes naît le 31 mars 1596 à La Haye (France). Issu d'une famille aisée de petite noblesse[35], il entre à l'âge de 10 ans au Collège de La Flèche, « l'une des plus célèbres écoles de l'Europe », écrit-il dans le *Discours de la méthode.* En 1616, il obtient une licence en droit de la faculté de Poitiers. En 1629, après quatre années de vie militaire et de voyages nombreux, Descartes fuit la vie mondaine de Paris et se réfugie en Hollande pour écrire la plupart de ses œuvres. Il y demeurera plus de 20 ans, changeant souvent de résidence et y menant une existence confortable de gentilhomme.

Au temps de Descartes, la langue utilisée en sciences et en philosophie était le latin. Or, pour être compris par tout homme et toute femme de bonne volonté, comme on disait à l'époque, il publie en français le *Discours de la méthode* et les *Traités.*

En 1649, sur l'invitation insistante de la reine Christine, Descartes se rend à la cour de Suède pour initier la jeune souveraine à sa philosophie. C'est l'hiver et il fait froid. En outre, le philosophe doit se lever à cinq heures du matin pour dispenser ses cours... Descartes attrape une pneumonie et meurt le 11 février 1650.

Descartes, ce philosophe dont on a pu dire que rien de ce qui est humain ne lui était étranger, fut aussi un grand savant : mathématicien, biologiste, physicien. Il inventa la géométrie analytique et il formula les lois de la réfraction de la lumière. Or, Descartes établit que la science seule ne peut comprendre tout de l'homme ; qu'il faut alors s'en remettre à la **métaphysique** pour tenter de l'appréhender dans sa globalité.

Descartes est considéré comme le fondateur du premier rationalisme moderne. Il rompt avec l'esprit scolastique du Moyen-Âge qui respectait la tradition aristotélicienne et qui ne s'était pas encore dégagé de la théologie de l'Église catholique romaine. Le rationalisme cartésien s'inspire de la rigueur mathématique afin de donner un fondement « scientifique » aux normes du raisonnement, et ainsi pouvoir définir, avec la plus grande exactitude possible, ce qu'est l'homme et ce qu'est sa situation dans le

---

35. Le père de Descartes, Joachin de son prénom, était conseiller au Parlement de Rennes (Bretagne).

monde. Descartes instaure une nouvelle rationalité, qui alimentera la naissance des sciences modernes et influencera les siècles à venir.

Descartes ou le culte de la raison

La raison constitue, selon Descartes, la dimension fondamentale qui définit l'être humain et qui doit guider son existence. D'ailleurs, il écrit que la raison « est la seule chose qui nous rend hommes et nous distingue des bêtes[36] ». Descartes n'est pas élitiste ; il pense que nous sommes tous doués de raison puisqu'il affirme « que la puissance de bien juger et distinguer le vrai d'avec le faux, qui est proprement ce qu'on nomme le bon sens ou la raison, est naturellement égale en tous les hommes[37] ». La raison est donc présente en chacun de nous ; nous pouvons tous philosopher et raisonner à condition de bien utiliser notre raison. Le rationalisme de Descartes est fondé sur la certitude que tout esprit bien conduit peut parvenir à la connaissance de la vérité. Et selon Descartes, pour bien mener cette raison, il y a nécessité de suivre une méthode qui obéit à quatre règles :

1. règle de l'évidence : la raison doit éviter la précipitation, et ne rien accepter pour vrai à moins que ce ne soit évident ;
2. règle de l'analyse : la raison doit décomposer les problèmes en questions élémentaires et séparées, car ce qui est simple se donne à voir clairement et distinctement à l'esprit ;
3. règle de la synthèse : la raison doit aller du plus simple au plus complexe par un enchaînement rigoureux ;
4. règle du dénombrement : la raison doit dénombrer, c'est-à-dire chercher, par voie de déduction, les éléments nécessaires à la solution d'un problème.

Cependant, ces règles de conduite de la raison ne suffisent pas. Pour atteindre la vérité, la raison doit, en plus, mettre tout en doute. Puisque nos sens nous abusent parfois (par exemple, l'eau tiède paraît fraîche à la personne qui fait de la fièvre) et que leurs données ne sont pas toujours fidèles à la réalité extérieure, nous les soumettrons, en premier, au doute méthodique[38]. Ensuite, nous nous attaquerons aux raisonnements que nous avons faits et que nous faisons. Et puisque nous y commettons des erreurs qui les rendent peu sûrs, nous les mettrons tous en doute. Enfin, tout ce qui est contenu en notre mémoire (pensées, croyances, préjugés, etc., qui sont souvent la rançon d'une raison mal menée) sera aussi passé au crible du doute parce que tout cela n'est peut-être pas plus vrai que les folles images de nos rêves.

---

36. Toutes les citations reproduites dans ce texte proviennent des *Œuvres et Lettres* de Descartes publiées à Paris en 1953 par la Bibliothèque NRF de la Pléiade. Descartes, *Discours de la méthode,* Première Partie, p. 126.
37. *Ibid.,* p. 126.
38. Pour arriver à une certitude indéniable, Descartes a recours au doute méthodique, c'est-à-dire qu'il s'astreint systématiquement à douter de tout ce qu'il estime vrai, jusqu'au moment où ne pouvant plus douter de rien, il est confirmé dans la vérité.

cogito

Descartes part donc d'un doute « hyperbolique » sur toutes choses et découvre que, dans le doute le plus radical, on ne peut douter que l'on doute. La pensée[39] représente notre première certitude. Et de là, Descartes déduit sa propre existence. C'est le célèbre *cogito* cartésien : « Je pense, donc je suis ». Le *cogito* pourrait être reformulé de la façon suivante : si je doute, c'est que je suis en train de penser, et si je pense, c'est que j'existe.

Ainsi, venant de se donner l'assurance de sa propre existence, Descartes se pose ensuite la question fatidique : « Mais moi, qui suis-je... ? » Et, Descartes de répondre :

> Je ne suis point cet assemblage de membres, que l'on appelle le corps humain ; je ne suis point un air délié et pénétrant, répandu dans tous ses membres ; je ne suis point un vent, un souffle, une vapeur... Je ne suis, précisément parlant, qu'une chose qui pense, c'est-à-dire un esprit, un entendement ou une raison [40]...

Or, selon Descartes, l'âme seule pense, et le corps assume, seul, les fonctions vitales. Descartes rétablit une division radicale (dualisme) entre *dualisme* l'âme et le corps puisque, selon lui, leur nature et leurs fonctions diffèrent d'une manière inconciliable.

Le corps n'est pas nécessaire pour penser. Il faut même s'en méfier car, nous l'avons vu, les sens peuvent nous fournir de fausses informations. Le corps est « cette machine composée d'os et de chair, telle qu'elle paraît en un cadavre[41] ». À l'image d'un automate, l'homme en tant que corps obéit aux règles de la mécanique. En effet, Descartes perçoit le corps humain comme une espèce de poupée mécanique qu'on peut remonter pour la faire se mouvoir. De toute façon, tout ce que produit le corps : émotions, sentiments, images, peut être expliqué mécaniquement de la même manière que nous le ferions pour une bille qui roule sur un plan incliné. Gardons en mémoire que le corps et ce qu'il produit possède, selon Descartes, une parfaite autonomie[42] et constitue une machine bien « ordonnée » et « bien disposée ». En conséquence, il ne revient pas à l'âme d'animer ou de diriger le corps. Elle peut alors se consacrer entièrement à sa fonction première pour laquelle Dieu la crée : penser. Nous y reviendrons un peu plus loin.

Par ailleurs, Descartes affirme que c'est par l'action du corps que « sont causées, entretenues et fortifiées[43] » les passions. Bien que se rapportant

---

39. Notons que la doctrine proprement rationaliste de Descartes repose sur la déduction de toutes choses à partir de la pensée.
40. *Méditation seconde,* pp. 276-277.
41. *Ibid.,* p. 276.
42. Par exemple, c'est le corps lui-même qui voit à se nourrir et à se mouvoir... Ainsi est éliminée la fonction végétative qu'Aristote attribuait à l'âme.
43. *Les Passions de l'âme,* I, Art. 27, p. 707.

toutes au corps et ayant pour fin le corps seul, les passions prennent demeure en l'âme. Elles « incitent et disposent [l'âme des hommes] à vouloir les choses auxquelles elles préparent leur corps[44]... ». Descartes précise que les passions « ne sont données à l'âme qu'en tant qu'elle est jointe avec lui [le corps] ; en sorte que leur usage naturel est d'initier l'âme à consentir et contribuer aux actions qui peuvent servir à conserver le corps ou à le rendre en quelque sorte plus parfait[45] ». Conséquemment, les six passions « primitives » : l'admiration, l'amour, la haine, le désir, la joie et la tristesse, ne sont pas mauvaises en soi. Au contraire, Descartes considère « qu'elles sont toutes bonnes de leur nature, et que nous n'avons rien à éviter que leurs mauvais usages ou leurs excès[46]... » Cependant, pour ne pas succomber à leur excès, c'est-à-dire les vivre de façon démesurée, et ainsi s'éloigner de la sagesse, il ne s'agit pas de les extirper de notre corps, mais seulement de « s'en rendre tellement maître et [de] les ménager avec tant d'adresse, que les maux qu'elles causent sont fort supportables, et même qu'on tire de la joie de tous[47] ». Mais qu'est-ce que cela veut dire au juste ? Tout simplement ceci : si nous voulons que notre âme s'appartienne en propre, autrement dit qu'elle parvienne à se distinguer de la passion (exemple, la haine) qu'elle éprouve et qui l'émeut, elle devra apprendre à se distancier de cette passion. Ainsi, pour ne pas se confondre avec la passion qui l'assaille, l'âme doit (en se servant de sa capacité intellective) se situer à l'extérieur de la passion, un peu comme au théâtre, où le spectateur réussit à se mettre à distance pour ne pas être totalement bouleversé par les émotions que vivent les personnages sur la scène.

Le *cogito* implique que si c'est par ma pensée que je peux avoir la certitude de mon existence, c'est donc ma pensée qui me fait être. Je suis une substance pensante. Je suis pensée pure et rien d'autre. Descartes définit donc l'homme comme un être essentiellement de pensée qui doit conduire son esprit avec méthode et rigueur s'il veut accéder à la vérité. L'âme cherchera donc prioritairement à connaître la juste valeur des choses en utilisant « ses propres armes », c'est-à-dire en posant « des jugements fermes et déterminés touchant la connaissance du bien et du mal, suivant lesquels elle a résolu de conduire les actions de sa vie[48] ». Tout comme Platon, Descartes privilégie la dimension rationnelle de l'être humain, mais on ne retrouve chez lui aucune condamnation morale du monde sensible ni du corps. Si Descartes valorise l'*Intelligible* au détriment du *Sensible*, c'est uniquement parce que le monde sensible peut nous tromper dans notre quête de certitudes. Ce n'est que l'entendement, c'est-à-dire cette faculté de pure **intellection** (et non les sens et l'imagination), qui peut nous permettre de concevoir les choses de façon explicite et séparée, et

---

44. *Ibid.,* I, Art. 40, p. 715.
45. *Ibid.,* II, Art. 137, p. 759.
46. *Ibid.,* III, Art. 211, p. 794.
47. *Ibid.,* III, Art. 212, p. 795.
48. *Ibid.,* I, Art. 48, p. 720.

ainsi d'arriver à des connaissances sures et certaines. Et la volonté libre de *Kant*
l'être humain ne devra viser que cet ultime but : atteindre l'indubitable ! *« bonne*
Ce faisant, l'être humain participera à la joie de comprendre et donnera *volonté »*
ainsi un sens à son existence.

Conclusion

Platon, Aristote et Descartes ont alimenté de façon capitale la réflexion que l'être humain porte sur lui-même; ils ont ainsi marqué l'histoire de la philosophie. Toutefois, en réduisant l'homme à sa raison et en négligeant l'apport fondamental des instincts, la conception qu'ils se sont faite de l'être humain peut être interprétée comme un schéma quelque peu réducteur de l'homme.

La prochaine conception de l'être humain qui vous sera présentée réhabilite ce monde des instincts, des pulsions et des passions.

ACTIVITÉ D'APPRENTISSAGE

Objectifs spécifiques

L'étudiant ou l'étudiante devra être capable de :
- démontrer sa compréhension d'un texte de Descartes en transposant dans ses propres mots le contenu partiel de ce texte philosophique ;
- évaluer, c'est-à-dire exprimer son accord ou son désaccord (et en donner les raisons) sur la conception de la personne mise en avant par Descartes dans ce texte.

Discours de la méthode

Je ne sais si je dois vous entretenir des premières méditations que j'y ai faites ; car elles sont si métaphysiques et si peu communes, qu'elles ne seront peut-être pas au goût de tout le monde. Et toutefois, afin qu'on puisse juger si les fondements que j'ai pris sont assez fermes, je me trouve en quelque façon contraint d'en parler. J'avais dès longtemps remarqué que, pour les mœurs, il est besoin quelquefois de suivre des opinions qu'on sait fort incertaines, tout de même que si elles sont indubitables, ainsi qu'il a été dit ci-dessus ; mais, parce qu'alors je désirais vaquer seulement à la recherche de la vérité, je pensai qu'il fallait que je fisse tout le contraire, et que je rejetasse, comme absolument faux, tout ce en quoi je pourrais imaginer le moindre doute, afin de voir s'il ne resterait point, après cela, quelque chose en ma créance, qui fût entièrement indubitable. Ainsi, à cause que nos sens nous trompent quelquefois, je voulus supposer qu'il n'y avait aucune chose qui fût telle qu'ils nous la font imaginer. Et parce qu'il y a des hommes qui se méprennent en raisonnant, même touchant les plus simples matières de géométrie, et y font des **paralogismes,** jugeant que j'étais sujet à faillir, autant qu'aucun autre, je rejetai comme fausses toutes les raisons que j'avais prises auparavant pour démonstrations. Et enfin, considérant que toutes les mêmes pensées, que nous avons étant éveillés, nous peuvent aussi venir, quand nous dormons, sans qu'il y en ait aucune, pour lors, qui soit vraie, je me résolus de feindre que toutes les choses qui m'étaient jamais entrées en l'esprit n'étaient non plus vraies que les illusions de mes songes. Mais, aussitôt après, je pris garde que, pendant que je voulais ainsi penser que tout était faux, il fallait nécessairement que moi, qui le pensais, fusse quelque chose. Et remarquant que cette vérité : *je pense, donc je suis,* était si ferme et si assurée, que toutes les plus extravagantes suppositions des sceptiques n'étaient pas capables de l'ébranler, je jugeai que je pouvais la recevoir, sans scrupule, pour le premier principe de la philosophie que je cherchais.

Puis, examinant avec attention ce que j'étais, et voyant que je pouvais feindre que je n'avais aucun corps, et qu'il n'y avait aucun monde, ni aucun lieu où je fusse ; mais je ne pouvais pas feindre, pour cela, que je n'étais point ; et qu'au contraire, de cela même que je pensais à douter de la vérité des autres choses, il suivait très évidemment et très certainement que j'étais ; au lieu que, si j'eusse seulement cessé de penser, encore que tout le reste de ce que j'avais jamais imaginé eût été vrai, je n'avais aucune raison de croire que j'eusse été : je connus de là que j'étais une substance dont toute l'essence ou la nature n'est que de penser, et qui, pour être, n'a besoin d'aucun lieu, ni ne dépend d'aucune chose matérielle. En sorte que ce moi, c'est-à-dire l'âme par laquelle je suis ce que je suis, est entièrement distincte du corps, et même qu'elle est plus aisée à connaître que lui, et qu'encore qu'il ne fût point, elle ne laisserait pas d'être tout ce qu'elle est.

Après cela, je considérai en général ce qui est requis à une proposition pour être vraie et certaine ; car, puisque je venais d'en trouver une que je savais être telle, je pensai que je devais aussi savoir en quoi consiste cette certitude. Et ayant remarqué qu'il n'y a rien de tout en ceci : je pense, donc je suis, qui m'assure que je dis la vérité, sinon que je vois très clairement que, pour penser, il faut être : je jugeai que je pouvais prendre pour règle générale, que les choses que nous concevons fort clairement et fort distinctement sont toutes vraies ; mais qu'il y a seulement quelque difficulté à bien remarquer quelles sont celles que nous concevons distinctement.

R. Descartes, *Discours de la méthode,* Paris, N.R.F., Bibliothèque de la Pléiade, pp. 147-148.

Questions

1. Dans ce texte, Descartes dit désirer « vaquer seulement à la recherche de la vérité »... Dites, dans vos propres mots, ce qu'il entreprend pour y parvenir.

2. *a)* A quelle définition de lui-même en tant qu'être humain arrive-t-il ? (Présentez cette définition telle que formulée dans le texte.)

   b) Êtes-vous en accord ou en désaccord avec cette définition de la personne ?

   (Consigne pour 2 *b* : Vous devez fonder vos jugements, c'est-à-dire apporter au moins trois arguments pour appuyer vos affirmations. N.B. : Minimum suggéré : une page.)

3. Formulez dans vos propres mots la conclusion ou règle générale à laquelle Descartes arrive dans ce texte.

2 La personne comme être de désirs, de passions et de démesure

La conception nietzschéenne de l'être humain

> *L'homme est une corde tendue entre la bête et le surhomme, une corde au-dessus d'un abîme. Danger de le franchir, danger de rester en route, danger de regarder en arrière...*
>
> Friedrich Nietzsche, *Ainsi parlait Zarathoustra*, p. 20

Nietzsche ou la philosophie incandescente

Friedrich Nietzsche naît le 15 octobre 1844 à Röcken, dans le royaume de Saxe (Allemagne). Son père, pasteur luthérien, meurt alors que Friedrich n'a que cinq ans. Entouré de sa mère, de sa sœur Elisabeth et de deux tantes aux mœurs sévères, il passe une enfance et une adolescence calmes et pieuses. Après de brillantes études en **théologie** et en **philologie** (latin et grec ancien), il obtient à 25 ans une chaire de philologie classique à l'Université de Bâle. Il y enseigne avec succès pendant 10 années. Mais en 1879, atteint d'incessants maux de tête et de troubles oculaires, il se voit obligé de quitter son poste. Dès lors, à la recherche d'un climat favorable à sa santé précaire ainsi qu'à l'éclosion de son œuvre, il entreprend de nombreux voyages en Suisse, en France et en Italie. Ces neuf années d'errance correspondent à une période fébrile de création où le philosophe solitaire et souffrant arrive à un sommet de fécondité intellectuelle. Il écrit coup sur coup *Le Voyageur et Son ombre, Aurore, Le Gai Savoir, Ainsi parlait Zarathoustra, Par delà le bien et le mal, La Généalogie de la morale, Le Cas Wagner, Le Crépuscule des idoles, L'Antéchrist* et *Ecce homo*. En 1889, il est terrassé par une crise de folie qui le plonge dans une paralysie générale et un mutisme complet. Sa mère et sa sœur le soigneront pendant 11 ans. Nietzsche meurt à Weimar le 25 août 1900 sans jamais savoir qu'il est devenu célèbre.

Nietzsche était un homme ambivalent. Les principaux traits de sa personnalité nous sont révélés par Lou Andréas Salomé, de laquelle

Nietzsche s'était épris en 1882. Dans le premier livre qui fut consacré à Nietzsche, elle écrit :

> Ses gestes, et d'une façon générale tout son maintien, don-
> naient une impression de silence et de réserve. Il ne se dépar-
> tait jamais d'une grande courtoisie et d'une douceur presque
> féminine[1]...

Cependant, on dit également de lui qu'il était « l'homme des extrê-
mes » : autant son tempérament se caractérisait par la douceur et la bien-
veillance, autant il pouvait être fougueux, exalté et violent.

Quant à son œuvre philosophique, on peut dire qu'elle est un cri d'une
grande beauté poétique à l'image de la vie intérieure tourmentée de son
auteur. Rares sont les philosophes qui ont utilisé une écriture aussi exubé-
rante, flamboyante, incandescente ! En regard du langage philosophique
traditionnel, son style polémique, éclaté, **aphoristique** savait « danser avec
les mots ». Nietzsche possédait une voix provocatrice, prophétique,
visionnaire, qui parlait pour le siècle à venir. Aussi est-il difficile d'en saisir
toute la portée avec assurance, car Nietzsche révèle sa pensée sous le
couvert d'un symbolisme qui la dérobe à notre appréhension. Pour comprendre la philosophie nietzschéenne, il faut se laisser imprégner par les
images frémissantes, par les métaphores et les paraboles colorées ; il faut
apprendre à lire entre les lignes.

Par ses écrits, Nietzsche voulait édifier une culture nouvelle en s'atta-
quant aux idéaux, aux valeurs et aux idéologies qui fondaient la civilisation européenne de son époque, qu'il considérait comme décadente[2].
Ainsi, il s'opposa vigoureusement à toutes les systématisations rationalistes (dont celle de Platon) qui surestiment la raison au détriment du corps,
dans le but avoué ou non de maîtriser les passions. Pour retrouver la
source de vie originale, Nietzsche renversa ce schéma millénaire en réha-
bilitant chez l'être humain « les anciens instincts qui jusqu'ici faisaient sa
force, sa joie et son caractère redoutable[3] ».

Dépassement de soi dans l'affirmation de ses désirs, instincts et passions

Les grandes philosophies idéalistes ainsi que la morale judéo-chrétienne
ont, sous une forme ou sous une autre, valorisé le monde de l'esprit et condamné le monde sensible. Rappelons-nous Platon et son « monde des
Idées » qui, pour être atteint, exige nécessairement le mépris et le refus du
corps. Et que penser du dogme chrétien apparentant le « monde vrai » à

---

1. Lou Andréa Salomé, *Frédéric Nietzsche,* Paris, Réimpressions Gordon et Breach, 1970, p. 17.
2. La pensée de Nietzsche à ce sujet sera expliquée plus loin dans ce texte.
3. Friedrich Nietzsche, *La Généalogie de la morale,* Paris, Gallimard, coll. Idées, p. 121.

un « Royaume de Dieu », lequel serait accessible uniquement après la mort comme ultime récompense d'une vie terrestre vertueuse ? En associant le péché au corps et en réprouvant toutes joies autres que spirituelles, la morale chrétienne, selon Nietzsche, poursuit depuis 20 siècles un unique objectif : le dressage de l'homme instinctuel.

Or, si la philosophie, la religion et la morale ont ainsi dévalorisé les sens et les instincts, c'est par faiblesse et décadence, pense Nietzsche. Éliminer de la vie les sentiments, les passions et les pulsions demeure la solution à laquelle recourent les volontés anémiques et dégénérées. C'est vouloir produire un type d'homme « faible » qui s'est coupé d'une partie importante de lui-même, la part la plus concrète : le sensible. Précisons tout de suite que, chez Nietzsche, la notion de faible ne désigne pas quelqu'un qui serait opprimé socialement ou économiquement, ou handicapé physique ou mental ; ce concept fait plutôt référence à un type d'homme domestiqué, soumis à des valeurs petites, tristes, mesquines, coupables et rancunières. Il s'agit en fait de *l'homme du ressentiment* qui, n'ayant pas la force d'assumer l'existence terrestre, réclame des certitudes toutes faites, intemporelles et immuables. À l'idéal de la raison abstraite et du besoin d'un absolu hors du monde, Nietzsche oppose le projet d'un accroissement de la vie. Il se fait l'apôtre du culte de la vie. Et vivre, c'est plonger dans l'abondance chaotique de forces et de contradictions que la vie recèle en son sein ; c'est accorder le droit de cité aux instincts et aux passions que les morales ont depuis longtemps réprouvés sous prétexte que l'animalité de l'homme l'empêchait d'accéder à l'au-delà. Or, puisque aucun monde suprasensible ne se superpose au monde terrestre, la mission de l'être humain est, selon Nietzsche, d'accroître toutes les forces créatrices de la vie qui dorment en lui et qui sont source de dépassement de soi. Pour Nietzsche, ces forces instinctives constituent la seule réalité, puisqu'elles sont le triomphe de la vie sur la mort. Il s'agit de vivre sa vie en ayant le « sens [de] la fête de la terre », en écoutant la voix de son corps, en se dépensant sans retenue ni avarice, loin du souci de se conserver. « Osez donc d'abord croire en vous-mêmes, dit Nietzsche, — en vous-mêmes et en vos entrailles ! Quiconque n'a pas foi en lui-même ment toujours[4]. »

La condition essentielle à un tel dépassement de soi par l'affirmation de ses désirs, instincts et passions implique toutefois l'obligation de « faire mourir Dieu », c'est-à-dire de nier l'existence d'un Dieu, maître suprême qui fonde la Morale.

> Mon moi, écrit Nietzsche, m'a enseigné une nouvelle fierté, je l'enseigne aux hommes : ne plus enfouir leur tête dans le sable des choses célestes, mais la porter fièrement, une tête terrestre qui crée les sens de la terre[5] !

---

4. Friedrich Nietzsche, *Ainsi parlait Zarathoustra,* Paris, Gallimard, coll. Le livre de poche classique, 1965, p. 145.
5. *Ibid.,* p. 42.

Selon Nietzsche, Dieu doit être nié parce qu'il est à l'origine de morales d'*esclaves* fondées sur des valeurs telles que la patience et la résignation, qui commandent l'abdication face aux contraintes et aux misères de l'existence ; l'humilité qui, en réprimant tout mouvement d'orgueil, conduit à l'abaissement volontaire de soi devant sa propre faiblesse ou insuffisance ; la charité qui appelle au sacrifice de soi, voire à l'oubli de soi ; l'espérance en un monde surnaturel venant après la vie terrestre, inventé de toutes pièces, qui nous libérerait enfin de notre souffrance et de notre impuissance.

Sous l'hégémonie d'un Dieu tout-puissant, ces morales s'édifient à partir du nivellement des esprits (« l'esprit de troupeau », dit Nietzsche) ; elles empêchent l'expression des valeurs individuelles fortes ; elles font de l'homme un être bonasse qui s'est coupé de la vie. D'ailleurs, ces morales impliquent toujours la soumission à des dogmes et à des règles qui briment l'expression des désirs, des instincts et des passions, bref, qui nient la vie[6]. En ce sens, elles ne peuvent convenir qu'aux « malades et moribonds qui ont méprisé le corps et la terre[7] ». Les individus qui veulent s'inventer et se créer audacieusement, qui veulent faire coïncider en eux leur être (c'est-à-dire ce qu'ils sont profondément) et leur devenir (c'est-à-dire le devoir d'être plus), n'accepteront plus d'être sous le joug d'un Dieu, maître de leur destinée. Ils feront non seulement mourir Dieu, mais également tous les Maîtres, toutes les Idoles, afin de pouvoir pleinement s'appartenir eux-mêmes, pour pouvoir être « ce moi qui crée, qui veut, qui donne la mesure et la valeur des choses[8] ».

Il faut donc cesser de croire en Dieu si l'on veut rester fidèle à la Vie, aux désirs et aux passions au-delà du Bien et du Mal. Une précision s'impose ici. Nietzsche valorise l'exaltation des sentiments, l'ivresse de vivre, l'effervescence des instincts. Mais il ne nous invite pas à les extérioriser brutalement, à déchaîner anarchiquement les forces *animales* contenues en nous par une frêle pellicule de civilité. Au contraire, il nous exhorte à les diriger pour qu'elles s'expriment en une *volonté de puissance*.

La volonté de puissance

La volonté de puissance constitue l'un des concepts fondamentaux de la conception nietzschéenne de l'être humain. Mais il faut prendre garde de ne pas l'interpréter à un premier degré. La volonté de puissance ne correspond pas à un désir de dominer psychologiquement les autres en les écrasant de notre supériorité intellectuelle, par exemple. Aucune idée d'agressivité ou de compétition ne s'y trouve. Non plus que l'idée de domination politique, sociale ou économique, dans le but d'en retirer de la

---

6. Précisons que Nietzsche décrit la vie en parlant de force, d'appropriation, d'agression, d'assujettissement de tout ce qui est étranger et plus faible. Vivre, c'est faire sa place et imposer sa propre volonté aux choses et aux êtres.
7. *Ibid.*, p. 42.
8. *Ibid.*, p. 42.

gloire, du prestige ou des richesses. Il ne s'agit pas d'avoir la volonté d'être le maître du monde ou de devenir millionnaire, mais d'être plus *fort* dans le sens de vouloir avec force son propre accroissement.

La volonté de puissance, c'est la volonté de possession de soi pour mieux se surpasser soi-même. Et, d'après Nietzsche, l'être humain devient ce qu'il est profondément en osant vivre un « égoïsme souverain ». Car, pour s'affirmer soi-même, il ne faut penser qu'à soi, il faut tout subordonner à son plaisir, à son intérêt et à son développement personnels. Concrètement, l'actualisation de cette volonté de puissance implique deux stades distincts. Dans un premier temps, il faut rejeter catégoriquement toutes les lois, règles et prescriptions morales, bref tous les « tu dois » qui nous ont été enseignés puisqu'ils conduisent, selon Nietzsche, à une tyrannie et à un arbitraire qui enseignent « à haïr le laisser-aller, l'excessive liberté, et qui inculque[nt] le besoin des horizons limités[9]... » Dans tous les cas, les innombrables « tu dois faire ceci... tu dois ne pas faire cela pour vivre selon le Bien » forment des contraintes qui rétrécissent les perspectives de la liberté. En second lieu, il faut conquérir le droit de créer des valeurs nouvelles sans chercher l'approbation des autres. Ces valeurs ne naîtront pas d'un rationalisme de glace car, d'après Nietzsche, la volonté rationnelle, lucide et réfléchie a vu le jour grâce au dressage par la société de la sauvagerie primitive de l'homme. Donc, elle obéit à des règles extérieures à elle-même. La volonté de puissance, au contraire, n'obéit qu'à elle-même ; elle n'accepte pas d'être domptée et transformée en une esclave soumise aux contraintes rationnelles et sociales. De sorte que les valeurs créées sous son influence intensifieront la volonté de vivre, déborderont d'une énergie vitale, glorifieront la réalisation des instincts au détriment des valeurs de la raison. Méfions-nous de la raison, car elle se veut logique et linéaire, et ce faisant, elle fige le devenir des choses en une analyse froide et statique !

> La vie s'exprime davantage par les instincts que par la raison, écrit Nietzsche. Quel qu'il soit, l'instinct est source de liberté, l'instrument de progrès[10].

La vie du célèbre écrivain américain Henry Miller illustre bien la volonté de puissance nietzschéenne. Né dans le quartier populaire de Brooklyn (New York), Miller ne semblait promis à aucun grand destin. Alors qu'il peine à gagner sa vie comme chef des coursiers à la Western Union Telegraph, il décide à 33 ans de devenir romancier. Il se rend en France et mène à Paris une vie de bohème où il divinise les plaisirs de la chair et de l'esprit réunis. Le monde qu'il côtoie est celui des bas-fonds de la ville : illuminés, obsédés, poètes, prostituées, etc. Il y trouve la liberté, la faim et la misère. Mais rien ne réussit à le décourager de son projet

---

9. Friedrich Nietzsche, *Par delà le bien et le mal,* Paris, Union générale d'éditions, coll. 10-18, 1967, p. 113.
10. *Ibid.,* p. 69.

d'écrire, qui lui permet de s'appartenir en propre et de n'accepter de servitudes que celles qu'il se serait données lui-même. Homme ardent, passionné, imprévisible, il empoigne la vie et la croque à belles dents. Il ne s'interdit pas de désirer et de jouir en repoussant les civilités, les interdits. Son existence sert de toile de fond à ses romans. Miller écrit comme il vit : avec audace, acharnement, vigueur, dérèglement. Après avoir été rejetée par les milieux puritains des États-Unis, la qualité de son œuvre est enfin reconnue. Il deviendra le grand Henry Miller.

La volonté de puissance consiste donc à affronter avec force les désirs et les pulsions qui nous habitent. Non pas tenter de les éliminer ou de les refouler, comme le fait l'homme *faible,* en inventant l'idée du Mal pour expulser de sa vie ces forces dont il a peur parce qu'il ne sait comment les maîtriser. Au contraire, il s'agit de déployer ces forces, il faut « croître et s'étendre, accaparer, conquérir la prépondérance, non pas pour je ne sais quelles raisons morales ou immorales, mais parce que la vie, précisément, est volonté de puissance[11]» ; cette vie exige, pourrait-on ajouter, son propre dépassement dans le *Surhumain.*

Le Surhumain

« *"Tous les dieux sont morts ; nous voulons à présent que le Surhomme vive !* Que ceci soit un jour, au grand midi, notre suprême volonté ! "* Ainsi parlait Zarathoustra[12] .» Le Surhomme représente le modèle, le portrait de l'être humain idéal auquel doit tendre le genre humain. Voyons brièvement ses principales caractéristiques.

Le Surhomme s'oppose de façon absolue à ce que Nietzsche appelle « le dernier homme », c'est-à-dire l'être faible, égalisé et passif, bref l'être totalement réduit à la « bête de troupeau ». Le Surhomme représente symboliquement la cime de toute l'humanité. Il est celui qui s'affirme lui-même dans son individualité, qui va au bout de sa différence sans ressentir le besoin de ratification venant de l'extérieur. Zarathoustra[13] est le prophète du Surhomme ; il annonce la venue d'un nouveau type d'humanité non encore existante. Le Surhomme n'est donc pas un individu, un Être suprême ou un gourou qui viendrait sauver le monde ; il correspond à un état qui — plus que l'accomplissement parfait de l'essence de l'homme — concourt à son propre dépassement. C'est pourquoi il nous semble préférable d'utiliser l'expression de «Surhumain» plutôt que celle de «Surhomme»[14].

---

11. *Ibid.,* p. 210.
12. Friedrich Nietzsche, *Ainsi parlait Zarathoustra, op. cit.,* p. 94.
13. Originairement, Zarathoustra est un prophète et un réformateur religieux iranien qui vécut au 6e siècle av. J.C. Sa doctrine se caractérisait par une conscience aiguë du bien et du mal et par la notion de choix moral. Dans *Ainsi parlait Zarathoustra,* Nietzsche se sert du personnage pour dénoncer les valeurs millénaires de la morale établie, pour affirmer la transformation totale des valeurs et la nécessité du dépassement de soi.
14. De toute façon, Nietzsche passe de l'une à l'autre... Ou sont-ce plutôt les traducteurs qui ne s'entendent tout simplement pas ?

Le Surhumain, affirmant la volonté de puissance dans sa plénitude, est un hymne puissant à la vie. Il exalte les pulsions et les passions parce qu'elles constituent justement la source de toute énergie vitale. Le Surhumain est immoral, dans le sens où il agit délibérément contre les morales établies. Ici, Nietzsche lui-même peut servir d'exemple. Dans une Vienne rigide et puritaine, il forme un couple élargi avec son ami Rainer Maria Rilke et Lou Andréas Salomé. Les deux hommes aiment la même femme et ne s'en cachent pas... Et bien sûr, il y a les livres écrits par Nietzsche, où l'on retrouve les plus virulentes critiques des morales instituées. La morale chrétienne est la première visée parce que « la foi chrétienne, dans son principe, est sacrifice de l'esprit, de toute sa liberté, de tout son orgueil, de toute sa confiance en soi ; par surcroît, elle est asservissement, risée et mutilation de soi[15]». Le Surhumain la condamne sans ambages parce qu'elle prêche — en plus des valeurs de petitesse que nous avons précédemment identifiées — les qualités de renoncement et de sacrifice. Autre morale à subir les foudres du Surhumain : la morale ascétique[16] qui enseigne l'affranchissement de l'esprit par le mépris du corps, l'austérité, la privation et la mortification. Elle aussi affirme qu'il faut satisfaire le moins possible ses instincts, maîtriser ses désirs, se débarrasser des passions et dominer les sensations de plaisir et de douleur ! Enfin, le Surhumain tente de contrer la morale démocratique (qui prône l'égalité) en accordant la primauté à l'exceptionnel sur le commun. Il est élitiste dans la mesure où il pense que « toute élévation du type humain a toujours été et sera toujours l'œuvre d'une société aristocratique qui croit à de multiples échelons de hiérarchie et de valeurs entre les hommes... condition indispensable au progrès en dignité du type humain[17]... » Une hiérarchie *naturelle* existe donc entre les êtres humains. Dans une même société, nous retrouvons des hommes d'exception qui s'élèvent par rapport à l'homme-masse nivelé, uniformisé, servile et amorphe. Nietzsche se sert de l'*aristocrate* comme modèle de ce type d'hommes supérieurs qu'il appelle aussi les « hommes d'élite ». L'aristocrate connaît sa valeur, a foi en lui-même, est fier et altier.

> Tout ce qu'il trouve en soi, il l'honore ; une telle morale consiste dans la glorification de soi-même. Elle met au premier plan le sentiment de la plénitude, de la puissance qui veut déborder, le bien-être d'une tension interne, la conscience d'une richesse désireuse de donner et de se prodiguer ; l'aristocrate aussi vient en aide au malheureux, non par pitié le plus souvent, mais poussé par la profusion de force qu'il sent en lui.

---

15. Friedrich Nietzsche, *Par delà le bien et le mal, op. cit.,* p. 72.
16. Un bel exemple d'ascétisme nous est donné par saint Jérôme (347-420) qui partit vivre dans le désert et poussa la frugalité jusqu'à faillir mourir d'inanition.
17. *Ibid.,* p. 207.

> L'aristocrate révère en soi l'homme puissant et maître de soi,
> qui sait parler et se taire, qui aime exercer sur soi la rigueur et
> la dureté, et qui respecte tout ce qui est sévère et dur[18].

L'*homme du commun,* au contraire, valorise le relâchement, l'assou-
plissement et le repos. Il est pessimiste et méfiant. Au lieu de vivre en pleine lumière, son esprit se plaît dans les recoins et les faux-fuyants. Il garde
silence, attend, se rapetisse. Constamment, l'*homme du commun* fait
preuve de faiblesse et appelle « patience », parfois même « vertu », ce qui,
en fait, n'est que lâcheté.

> Ce qu'il honore, quant à lui, c'est la pitié, la main complaisante
> et toujours ouverte, la bonté du cœur, la patience, l'assiduité,
> l'humilité, l'affabilité, car ce sont les qualités les plus utiles
> et presque les seuls moyens de supporter le poids de
> l'existence[19].

Autre caractéristique du Surhumain : la dureté. « Ô mes frères, je place
au-dessus de vous cette table nouvelle : DEVENEZ DURS[20] ! » Encore
là, il faut dépasser la lecture que nous en donnerait le langage courant. La
dureté du Surhumain n'en fait pas un monstre sanguinaire. Il faut être
durs parce que « les créateurs sont durs...[parce que] le plus dur seul est le
plus noble[21] ». Il faut être dur si nous ne voulons pas tomber dans la facilité de la douceur et de la pitié ; si nous ne voulons pas nous apitoyer sur
notre sort en disant : « Je ne suis pas capable. Je suis trop petit. Je suis
faible. Je ne réussirai jamais... » Un document de la télévision suisse
romande présenté l'année dernière à Radio-Québec illustre à merveille
cette philosophie de la dureté. On y montrait l'attitude de parents envers
leur enfant mongolien. Au lieu de le couver, de le protéger sans cesse contre le monde extérieur et contre lui-même, ces parents obligeaient leur
enfant handicapé à participer à toutes les activités de la famille: randon-
nées à vélo, alpinisme, ski alpin, etc. L'apprentissage de ces différentes dis-
ciplines sportives ne se fit pas sans difficultés puisque les individus atteints
de cette affection congénitale ont tendance à se décourager devant l'effort,
à abandonner, même, dès le premier échec. À première vue, certaines scè-
nes de ce document apparaissaient d'une grande dureté. Par exemple,
l'enfant vient de faire une chute spectaculaire en ski, ou de tomber à nouveau de vélo : il souffre, se plaint, préfère arrêter. Ne se laissant pas ama-
douer, ses parents exigent alors de lui qu'il se relève et qu'il recommence.
Mais quelle joie, quelle immense satisfaction pouvions-nous lire sur le

---

18. *Ibid.,* p. 211.
19. *Ibid.,* p. 213.
20. Friedrich Nietzsche, *Ainsi parlait Zarathoustra, op. cit.,* p. 248.
21. *Ibid.,* pp. 247-248.

visage de cet enfant, lorsque après de multiples efforts et échecs, il réussissait enfin à se surpasser lui-même ! En réprouvant la mollesse, le fléchissement du caractère et la timidité peureuse, la dureté permet, selon Nietzsche, d'aller plus loin, de se dépasser soi-même.

Enfin, le Surhumain est un *grand homme,* un *génie,* un *maître* : non pas maître des autres, c'est-à-dire conducteur du troupeau, mais maître de soi et de ses actes. Il est celui qui se donne sa propre loi, dont le fondement est la pure affirmation de soi.

> L'homme le plus grand, écrit Nietzsche, c'est le plus solitaire, le plus caché, le plus isolé, celui qui se place au-delà du bien et du mal, le maître de ses propres vertus, l'homme au vouloir surabondant[22].

Le Surhumain affirme l'essence de la vie. Il ne possède ni le pouvoir politique, ni la richesse. Il ne domine pas le monde. Son règne est celui de la création qui incarne la possibilité même de l'avenir. « Le créateur est celui qui donne un but aux hommes et qui donne son sens et son avenir à la terre[23]... » En d'autres mots, Le Surhumain est foncièrement et intégralement créateur : « Il sent qu'il détermine lui-même ses valeurs, il n'a pas à chercher l'approbation ; il juge : "Ce qui m'est nuisible est nuisible en soi. " Il a conscience que c'est lui qui confère de l'honneur aux choses, c'est lui qui *crée les valeurs*[24]. » Il symbolise le grand génie solitaire qui possède le pouvoir d'exalter la beauté qui stimule la volonté de vivre. Mais, plus que cela, c'est l'art qui, à travers lui, est reconnu par Nietzsche comme la valeur suprême, puisque c'est dans la création artistique que l'on peut le plus et le mieux aller au-delà de soi. L'art est le « grand stimulant de la vie » ; il pousse le créateur à se surmonter lui-même, à plonger à l'intérieur de son propre chaos pour en faire surgir une explosion de réalités nouvelles, autres, magnifiées. En fait, nous assistons par l'intermédiaire du Surhumain à la glorification de l'artiste par Nietzsche. Par excellence, l'artiste chante l'ivresse de la vie par et à travers sa création. Il est celui qui exprime les sentiments, les impulsions et les instincts cachés au plus profond de son être ; celui qui plonge au cœur des forces primitives de la vie où aucune voie n'est tracée à l'avance, où il n'y a ni loi, ni maître sauf sa propre volonté de créer. À titre d'exemple, pensons au peintre français Paul Gauguin qui, en 1883, quitta son emploi d'agent de change, abandonnant femme et enfants pour se consacrer exclusivement à son œuvre. Animé d'une vigoureuse volonté, il affronta mille sacrifices et souffrances pour aller au bout de lui-même et de son art. Parlant de sa vie, Gauguin dit : « J'ai voulu établir le droit de tout oser ».

---

22. Friedrich Nietzsche, *Par delà le bien et le mal, op. cit.,* p. 150.
23. Friedrich Nietzsche, *Ainsi parlait Zarathoustra, op. cit.,* p. 226.
24. Friedrich Nietzsche, *Par delà le bien et le mal, op. cit.,* p. 211.

Nietzsche ou le projet de la démesure assumée

Après ce que nous venons de voir, la conception nietzschéenne de l'être humain peut être interprétée comme une invitation à s'inscrire dans un projet de vie dangereuse, où l'on choisit les sentiers difficiles et abrupts sur lesquels peu de gens osent s'aventurer. Par son projet de la démesure assumée, Nietzsche nous demande de toujours côtoyer le risque et de le susciter sans cesse. Il nous demande d'aimer la vie difficile et dangereuse, car elle permet le dépassement de soi. « J'aime ceux, écrit-il, qui ne savent vivre qu'en sombrant, car ils passent au-delà[25]. »

Le point de départ d'un tel projet est la *vision tragique* de l'univers que Nietzsche emprunte aux Grecs présocratiques (Eschyle et Sophocle, entre autres) qui proposaient un portrait d'homme ayant le courage d'assumer le destin implacable et le tragique de la vie avec ses contradictions et ses douleurs. La vision tragique, c'est en quelque sorte une plongée volontaire dans le non-sens, dans l'absurde où il n'y a aucun but, aucune fin. Or, en face du non-sens (donc, de l'absence de valeur), les gens éprouvent généralement un déchirement, une douleur, un vide qui les inquiète. Le tragique nietzschéen, quant à lui, ne ressent ni tristesse, ni crainte, ni pessimisme. Il connaît même un énorme bonheur devant le non-sens de la vie, parce qu'il a alors la pleine responsabilité de vivre intensément son existence terrestre. D'autant plus qu'il est désormais « dépositaire de cet ultime secret : "Rien n'est vrai, tout est permis..."[26] » À l'instar du tragique grec, le projet de démesure auquel nous convie Nietzsche se veut l'affirmation joyeuse de la vie. Son culte est celui de *Dionysos,* dieu grec du vin et du délire extatique qui personnifie l'affirmation des instincts, du rire et de la fête. Nietzsche restaure les grandes émotions tragiques ; il dit « oui » à l'intensification de la vie, il affirme la liberté sans limite, celle des enfants, des rêves, de la folie... où il est permis de « perdre pied pour une fois ! Planer ! Être fou[27] ! »

Et cela sera possible si nous osons plonger dans l'imprévisible, l'inattendu ; si nous embrassons pleinement le hasard au lieu de l'éviter ou de le contredire. Il s'agit donc de trouver sa joie et sa libération dans le non-calcul, dans une absence de prévoyance. Il faut avoir foi en chaque instant de la vie auquel on s'ouvre sans prudence, car dans l'instant senti comme nécessaire et vécu pleinement, entièrement, l'être humain découvre la force d'appréhender les autres instants à venir avec la même intensité. Chemin faisant, il s'ouvre à la volonté de puissance qui commande de ne pas laisser pourrir au fond de soi les désirs, les potentialités et les talents, mais de les actualiser avec vigueur et passion. Nietzsche dénonce la faiblesse humaine qui exige « quelque chose de sûr ». Il nous demande de vivre en dehors des limites fixées d'avance, de nous abandonner à la pas-

---

25. Friedrich Nietzsche, *Ainsi parlait Zarathoustra, op. cit.,* p. 21.
26. Friedrich Nietzsche, *La Généalogie de la morale, op. cit.,* p. 228.
27. Friedrich Nietzsche, *Le Gai Savoir,* Paris, Union générale d'éditions, coll. 10-18, p. 122.

sion et à l'irrationnel. « La démesure est la route qui conduit au Surhumain[28] », proclame-t-il. En somme, il nous appelle à une rupture d'équilibre où nous prenons le risque d'assumer notre propre démesure en faisant sortir la folie qui est en nous et qui porte au dépassement de soi.

Nietzsche aujourd'hui

Au-delà d'une philosophie profondément individualiste de l'être humain, à quoi Nietzsche peut-il bien nous inviter aujourd'hui si nous plaçons son enseignement dans le contexte actuel ?

La conception nietzschéenne de l'être humain nous exhorte à ne jamais nous contenter de nous-mêmes, de notre petit confort, à nos petites joies, de nos petits mensonges, puisque, dit-il, « l'homme est quelque chose qui doit être surmonté[29] ». Cette philosophie nous met en garde contre la facilité et contre nous-mêmes. Et, ce faisant, Nietzsche pose le problème le plus brûlant pour nous, hommes et femmes modernes, menacés par un optimisme ouaté et un confort bourgeois qui rendent impossibles la croissance et le dépassement de soi. Comment être créateurs de nos propres valeurs quand règne, dans la civilisation que nous habitons, la loi du moindre effort et du petit contentement ; quand tout nous incite à nous asseoir sur nos acquis, au lieu de travailler à nous développer, à accroître nos potentialités ?

La conception nietzschéenne de l'être humain nous appelle à une remise en question de notre condition et de notre situation pour que nous devenions des êtres uniques. « L'individu, écrit-il, ose être unique et a le courage de se détacher de la masse[30]. » En somme, Nietzsche nous invite à vivre dans la tempête, balayés par le vent du large, ébranlés par un incessant questionnement venu de nos propres profondeurs.

---

28. Friedrich Nietzsche, *Ainsi parlait Zarathoustra, op. cit.,* p. 20.
29. Friedrich Nietzsche, *Ainsi parlait Zarathoustra, op. cit.,* p. 18.
30. Friedrich Nietzsche, *Par delà le bien et le mal, op. cit.,* p. 262.

ACTIVITÉ D'APPRENTISSAGE

Objectifs spécifiques

L'étudiant ou l'étudiante devra être capable de :
- démontrer sa compréhension d'un texte de Nietzsche en répondant à des questions précises ;
- transposer dans ses propres mots le contenu partiel de ce texte philosophique ;
- évaluer, c'est-à-dire exprimer son accord ou son désaccord (et en donner les raisons) sur quelques conceptions et interprétations de la personne mises en avant par Nietzsche dans ce texte.

De l'homme supérieur

1

Lorsque je vins pour la première fois parmi les hommes, je fis la folie du solitaire, la grande folie : je me mis sur la place publique.

Et comme je parlais à tous, je ne parlais à personne. Mais le soir, des danseurs de corde et des cadavres furent mes compagnons ; et moi-même j'étais presque un cadavre. Mais, avec le matin, une vérité m'apparut : alors j'appris à dire : « Que m'importent la place publique et la populace, le vacarme de la populace et les longues oreilles de la populace ! »

Hommes supérieurs, apprenez de moi ceci : sur la place publique personne ne croit aux hommes supérieurs. Si vous voulez parler sur la place publique, soit ! Mais la populace clignera de l'œil : « Nous sommes tous égaux. »

« Hommes supérieurs ? — ainsi parle la populace en clignant de l'œil, — il n'y a pas d'hommes supérieurs, nous sommes tous égaux, un homme vaut l'autre, devant Dieu nous sommes tous égaux ! »

Devant Dieu ! Voici que ce Dieu est mort. Mais devant la populace nous ne voulons pas être égaux. Hommes supérieurs, éloignez-vous de la place publique !

2

Devant Dieu ! — Voici que ce Dieu est mort. Hommes supérieurs, ce Dieu a été votre plus grand danger.

Vous n'êtes ressuscités que depuis qu'il gît dans la tombe. C'est maintenant seulement que vient le grand midi, à présent l'homme supérieur devient maître !

Avez-vous compris cette parole, ô mes frères ? Vous êtes effrayés : votre cœur est-il pris de vertige ? L'abîme bâille-t-il ici à vos yeux ? Le chien de l'enfer aboie-t-il à vos trousses ?

Allons ! Hommes supérieurs ! Maintenant seulement la montagne de l'avenir humain va enfanter. Dieu est mort : maintenant nous voulons que le Surhomme vive.

3

Les plus soucieux demandent aujourd'hui : « Comment conserver l'homme ? » Mais Zarathoustra demande, ce qu'il est le seul et le premier à demander : « Comment l'homme sera-t-il surmonté ? »

Le surhomme me tient au cœur, c'est lui qui est pour moi la chose unique, — et non point l'homme : non pas le prochain, non pas le plus misérable, non pas le plus affligé, non pas le meilleur.

Ô mes frères, ce que je puis aimer en l'homme, c'est qu'il soit une transition et un déclin. Et, en vous aussi, il y a beaucoup de choses qui me font aimer et espérer.

Vous avez méprisé, ô hommes supérieurs, c'est là ce qui me fait espérer. Car les grands méprisants sont aussi les grands adorateurs.

Vous avez désespéré, c'est ce qu'il faut honorer en vous. Vous n'avez pas appris comment vous pourriez vous rendre, vous n'avez pas appris les petites prudences.

Aujourd'hui, les petites gens sont devenues les maîtres, ils prêchent tous la résignation et la modestie et la prudence et l'application et les égards et la longue énumération des petites vertus.

Ce qui relève de la femme ou du valet, et surtout le mélange populacier : c'est là ce qui veut à présent devenir maître de toutes les destinées humaines — ô dégoût ! dégoût ! dégoût !

Cela demande et redemande, et ne se lasse pas de demander : « Comment conserver l'homme le mieux, le plus longtemps, le plus agréablement ? » C'est ainsi qu'ils sont les maîtres d'aujourd'hui.

Ces maîtres d'aujourd'hui, surmontez-les-moi, ô mes frères, — ces petites gens : c'est eux qui sont le plus grand danger pour le Surhomme.

Surmontez-moi, hommes supérieurs, les petites vertus, les petites prudences, les égards pour les grains de sable, le fourmillement des fourmis, le misérable contentement de soi, « le bonheur du plus grand nombre ! »

Et désespérez plutôt que de vous rendre. Et, en vérité, je vous aime, parce que vous ne savez pas vivre aujourd'hui, ô hommes supérieurs ! Car c'est ainsi que vous vivez le mieux !

Friedrich Nietzsche, *Ainsi parlait Zarathoustra,* Paris, Gallimard, Le livre de poche classique, 1965, pp. 326-328.

Questions

1. *a)* Est-ce que Nietzsche pense que nous sommes tous égaux en tant qu'êtres humains ?

   b) Quelle est votre opinion là-dessus ? En d'autres mots, est-ce que vous croyez que les êtres humains sont égaux ou inégaux entre eux ?

   (Consigne pour 1*b* : Vous devez fonder vos jugements, c'est-à-dire apporter au moins deux arguments différents pour appuyer vos affirmations. — N.B. : Minimum suggéré: une page.)

2. Nietzsche dit que « Dieu a été le plus grand danger » pour les hommes supérieurs ; que ces derniers ne sont « ressuscités que depuis qu'il [Dieu] gît dans la tombe »...

   a) Tentez d'expliquer dans vos propres mots le sens qu'il est possible de donner à cette affirmation.

   b) Qu'en pensez-vous personnellement ? Êtes-vous pour ou contre cette affirmation ?

   (Consigne pour 2*b* : Apportez au moins deux arguments différents pour justifier vos prises de position. — N.B.: Minimum suggéré : une page.)

3. *a)* Qu'est-ce que Nietzsche dit de la résignation, de la modestie, de la prudence, de l'application et des égards ? En d'autres mots, comment les dénomme-t-il et à qui les attribue-t-il ?

   b) Et vous, que pensez-vous de la résignation, de la modestie, de la prudence, de l'application et des égards ?

   (Consigne pour 3 *b* : Apportez au moins deux arguments différents pour fonder vos jugements. — N.B.: Minimum suggéré : une page.)

3 La personne comme être social

La conception marxienne[1] de l'être humain

> *L'individu est l'être social. Sa vie —*
> *même si elle n'apparaît pas sous la*
> *forme directe d'une manifestation com-*
> *mune de l'existence, accomplie simulta-*
> *nément avec d'autres — est une affirma-*
> *tion de la vie sociale.*
>
> Karl Marx, *Économie et Philosophie*
> *(Manuscrits parisiens de 1844), in*
> *Œuvres,* Paris, Gallimard, Bibliothè-
> que de la Pléiade, 1972, t. II, p. 82

La vie et l'œuvre de Karl Marx

Karl Marx naît le 5 mai 1818 à Trèves (Allemagne) dans une famille juive convertie au protestantisme luthérien. Son père étant avocat, le jeune Marx commence, en 1837, des études à la faculté de droit de Berlin. Puis, c'est la philosophie et l'histoire qui captent son attention. En 1841, il obtient un doctorat en philosophie en soutenant une thèse sur la *Différence des philosophies de la nature de Démocrite et d'Épicure*[2]. Le contexte sociopolitique **réactionnaire** qu'entretient l'État monarchique constitutionnel prussien empêche toutefois Marx d'embrasser la carrière universitaire à laquelle il se dédiait. En lieu et place, il exerce le métier de journaliste poli-

---

1. Tout au long de cet exposé, nous utiliserons l'expression « marxienne » pour désigner la pensée propre de Karl Marx telle qu'elle se révèle dans ses œuvres. Le terme « marxiste », quant à lui, servira à nommer les diverses interprétations et applications qui ont dérivé de la théorie marxienne.

2. Démocrite (v. 460-v. 370 av. J.C.), philosophe de l'Antiquité grecque, développa une physique matérialiste (l'atomisme) qui conçoit la nature comme un mouvement infini de particules matérielles insécables et éternelles se combinant entre elles pour produire les corps. Or, dans sa thèse, Marx rejette le déterminisme mécaniste de Démocrite et tente, à l'instar d'Épicure (341-270 av. J.C.), de fonder l'existence de la liberté de l'homme.

tique à la *Gazette rhénane*. Il en devient le directeur, mais en 1843, un interdit gouvernemental met fin à la production et à la diffusion du journal.

À l'automne 1843, Marx s'installe à Paris ; il y fréquente des groupes socialistes et rencontre Friedrich Engels (1820-1895) qui deviendra son ami et le cosignataire de nombreux volumes. À Paris, Marx dirige les *Annales franco-allemandes* qui publient, en 1844, *La Question juive* et la *Contribution à la philosophie du droit de Hegel*. L'année suivante, Marx et Engels écrivent *La Sainte Famille*. En 1847, la Ligue des communistes leur commande *Le Manifeste du Parti communiste*, un des livres (avec la Bible) les plus lus à travers le monde. Pour Marx et Engels, c'est le début d'une longue et fructueuse collaboration intellectuelle et militante dans le but d'éduquer, de former et d'organiser le mouvement ouvrier.

Après avoir été expulsé de France et de Bruxelles pour activités révolutionnaires, Marx se réfugie à Londres en 1849. Il y vit avec sa famille dans une grande pauvreté, partageant son temps et ses énergies entre la cause des travailleurs à laquelle il est entièrement dévoué (en 1864, il œuvre à la fondation de la 1re Internationale [Association Internationale des Travailleurs]), et ses nombreux ouvrages en économie (*Le Capital,* tome 1 publié en 1867) et en histoire (*La Lutte des classes en France,* 1849-1851).

Marx meurt à Londres en 1883 assis dans le fauteuil de son bureau où il travaillait. Il laisse à l'humanité une œuvre capitale dont la pensée et l'action ont marqué d'une manière décisive la fin du XIXe siècle et la majeure partie du XXe siècle. N'oublions pas que près de la moitié de l'humanité vit sous l'hégémonie de régimes politiques qui se réclament (souvent injustement...) de sa philosophie ! L'originalité de Marx est d'avoir rompu avec la philosophie **spéculative** et d'avoir élaboré une nouvelle grille d'analyse du monde et de l'homme qui se voulait scientifique : *le matérialisme dialectique et historique*. Voyons brièvement de quoi il s'agit.

Le matérialisme dialectique et historique

Marx et Engels ont été les créateurs et les ardents défenseurs du matérialisme dialectique et historique. Prenons un à un les trois termes de cette expression.

Le marxisme est un matérialisme[3] dans la mesure où la matière en mouvement constitue, selon cette doctrine, la substance de toute réalité. D'après Marx, il faut partir du réel lui-même (non des idées ou d'abstractions !) pour appréhender et comprendre le monde réel. La « base matérielle » à partir de laquelle Marx échafaude sa théorie correspond aux conditions pratiques de l'existence humaine, c'est-à-dire les conditions de vie économiques et sociales.

Le marxisme est un matérialisme dialectique en ce sens qu'il poursuit la saisie des éléments contradictoires et **antagonistes** qui sont inscrits dans la

---

3. Le matérialisme dont il est question ici n'a rien à voir avec la signification courante donnée à ce mot, c'est-à-dire l'état d'esprit de l'individu qui recherche l'accumulation de gains et de biens matériels.

réalité et qui s'affrontent sans cesse. La relation de l'être humain à la nature et à autrui (par la **médiation** du travail en particulier, et de l'activité économique en général) obéit, dans le cadre de l'histoire, à un mouvement dialectique. Ainsi, il y a, dans la société capitaliste, une opposition dialectique entre la classe bourgeoise possédante et dirigeante et la classe opprimée des travailleurs. Cet antagonisme dialectique ne pourra, selon Marx, être dépassé que par la révolution.

Le marxisme est un matérialisme historique puisqu'il explique l'évolution des sociétés à partir des réalités économiques qu'ont connues les différentes sociétés à travers l'histoire de l'humanité. Ainsi, la société capitaliste ou bourgeoise − qui a succédé au régime féodal[4] qui, lui, avait remplacé le régime esclavagiste[5] qui, lui, s'était substitué au régime de la commune primitive[6] − s'organise autour d'un mode de production déterminé, c'est-à-dire autour d'une manière propre de produire les biens matériels qui entraîne un type particulier de propriété des moyens de production[7] et l'existence de deux classes opposées: celle des exploiteurs (la bourgeoisie) et celle des exploités (le prolétariat).

L'apport fondamental du marxisme a été justement d'établir que le type d'organisation économique constitue la base sur laquelle se construit l'ensemble de l'édifice social.

> Dans la production sociale de leur existence, les hommes nouent des rapports déterminés, nécessaires, indépendants de leur volonté ; ces rapports de production correspondent à un degré donné du développement de leurs forces productives matérielles. L'ensemble de ces rapports forme la structure économique de la société, la fondation réelle sur laquelle s'élève un édifice juridique et politique, et à quoi répondent des formes déterminées de la conscience sociale[8].

---

4. Le régime féodal correspond à l'organisation en vigueur au Moyen Âge. Le seigneur concédait à ses serfs des parcelles de terre qu'ils cultivaient pour leur propre survie. En retour, les serfs devaient obéissance au seigneur et étaient obligés de travailler sans salaire sur ses terres.

5. Le régime esclavagiste est caractérisé par la propriété absolue du maître sur toutes les sources de richesses, y compris les hommes qu'il considère comme de simples instruments de travail.

6. Pour se protéger des calamités naturelles et humaines, les peuples primitifs mettaient en commun leurs forces, et les fruits de leur travail étaient répartis entre les membres de la communauté. Le régime de la commune primitive se fondait donc sur des rapports de collaboration réciproque qui donnaient naissance à une société sans classes.

7. Les moyens de production correspondent à tout ce qui intervient dans le processus de travail: matières premières, machines, outils, locaux, etc.

8. Karl Marx, *Critique de l'économie politique, in Œuvres (Économie),* Paris, Gallimard, Bibliothèque de la Pléiade, 1972, t. I, pp. 272-273.

Marx donne le nom d'*infrastructure économique* à cette fondation de laquelle découleront les rapports sociaux de production[9] et les conditions d'existence particulières des agents de la production[10]. Or, l'influence de l'infrastructure économique ne s'arrête pas là. C'est elle qui détermine la *superstructure*, c'est-à-dire l'ensemble de l'organisation juridique, politique et idéologique propre à une société donnée. Ainsi, l'État, les lois, les idées, les valeurs et les mœurs que connaît une société ne sont pas des élé-

Schéma de la conception marxienne du monde

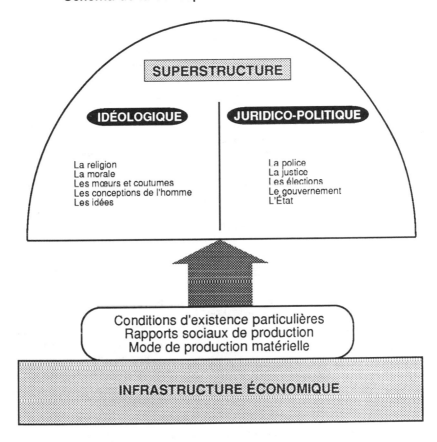

9. Les rapports sociaux de production sont les relations qui s'établissent entre les hommes dans le processus de production (par exemple les rapports entre le propriétaire capitaliste des moyens de production et les travailleurs).

10. Ainsi, à l'époque de Marx (milieu et fin du XIXᵉ siècle), le mode de production capitaliste naissant crée des conditions d'existence misérables et dégradantes pour des millions de prolétaires (hommes, femmes et enfants) qui travaillent jusqu'à 16 heures par jour pour un salaire qui suffit tout juste à leur survie.

ments neutres, mais ils découlent de l'infrastructure économique et lui permettent de se reproduire. Plus particulièrement, les conceptions que l'on se fait de l'être humain proviennent du mode de production économique qui les a générées et s'expliquent par elles[11].

L'homme comme être social

On croit généralement que Marx ne s'est intéressé qu'à la société, ses règles de fonctionnement économique et son développement historique, et, conséquemment, qu'on ne peut trouver dans son œuvre une philosophie de l'homme proprement dite. Certes, il n'y a pas chez Marx une conception systématique de l'être humain. Néanmoins, il est possible de dégager de l'ensemble de ses écrits une vision particulière de l'homme, vision qui s'appuie essentiellement sur un rapport à la société.

En effet, Marx décrit l'être humain comme un « animal social » qui appartient à une classe et à une société données. Lorsqu'il écrit, dans les *Manuscrits de 1844,* que « l'individu est l'être social », cela signifie que l'individu — puisqu'il s'imbrique dans des rapports sociaux déterminés — se caractérise fondamentalement par sa relation à la société. La *VIe Thèse sur Feuerbach* apporte un éclairage additionnel en affirmant que : « L'essence humaine n'est pas une abstraction inhérente à l'individu singulier. Dans sa réalité, c'est l'ensemble des rapports sociaux[12] ». D'une part, cela veut dire que ce qui caractérise en propre l'être humain ne peut être trouvé dans un ensemble de caractères abstraits et universels qui conviendraient à tous les individus. Les hommes individuels et réels ne sont pas des exemplaires de la catégorie Homme. D'autre part, cela signifie que l'essence de l'être humain ne provient pas de son *moi* individuel ou de l'ensemble des individus isolés qui participent à une collectivité particulière, mais réside bel et bien dans les rapports sociaux qu'entretiennent ces individus. En d'autres termes, ce qui caractérise fondamentalement la nature intime de l'être humain est produit dans et par les rapports sociaux. Dans *L'Idéologie allemande,* nous assistons à un rejet catégorique du concept d'Homme abstrait. Ce texte rompt définitivement avec l'attitude purement spéculative d'appréhension du monde et de l'homme, pour mieux faire apparaître le monde et l'homme réels. Le concept d'Homme abstrait est remplacé par celui d'homme en tant qu'être social historiquement déterminé. En somme, c'est dans le processus de vie réelle, c'est-à-dire dans les conditions sociales objectives d'existence qu'il faut chercher l'essence concrète de l'homme. Désormais, ce que Marx tente de cerner, ce sont les « hommes qui existent et agissent réellement dans leur contexte social donné, dans leurs conditions de vie données qui en ont fait ce qu'ils

---

11. Il est à noter que si le type d'organisation économique (infrastructure) détermine les activités politiques, juridiques et culturelles (superstructure) d'une société donnée, en revanche, celles-ci viennent consolider, par l'entremise de l'idéologie, l'infrastructure économique.

12. Karl Marx, *Thèses sur Feuerbach, in L'Idéologie allemande,* Paris, Éditions sociales, 1988, p. 52.

sont[13] ». Ce qui intéresse Marx, « ce sont les hommes, non pas isolés et figés de quelque manière imaginaire, mais saisis dans leur processus de développement réel dans des conditions déterminées, développement visible empiriquement[14] ». C'est pour cette raison qu'il faut, selon Marx, ne plus se référer à la philosophie spéculative qui ne fait qu'interpréter, à l'aide de catégories abstraites, l'homme et le monde, mais enfin présenter une conception scientifique (et, conséquemment, objective) des êtres humains concrets et de leurs développements historiques. Les conditions sociales matérielles d'existence deviennent alors la « base concrète de l'essence humaine[15] ». Les caractères sociaux, que les rapports de production transmettent aux individus, les déterminent et les définissent irrémédiablement.

> La façon dont les individus manifestent leur vie reflète exactement ce qu'ils sont. Par conséquent, ce qu'ils sont coïncide avec leur production, à la fois avec ce qu'ils produisent et la façon dont ils le produisent. Ce que sont les individus dépend donc des conditions matérielles de leur production[16].

Les êtres humains, selon Marx, ne sont pas seulement conditionnés par les rapports sociaux, ils sont carrément déterminés par eux, à un point tel que leur conscience même dépend entièrement de leurs conditions de vie sociale :

> Ce n'est pas la conscience des hommes qui détermine leur existence, c'est au contraire leur existence sociale qui détermine leur conscience[17].

Prenons comme exemple un ouvrier non spécialisé, marié, père de deux enfants, qui gagne un salaire de 20 000 $ par année et qui doit subvenir seul aux besoins de sa famille. La moindre augmentation du coût du panier de provisions sera interprétée comme étant catastrophique et le budget familial hebdomadaire en souffrira nécessairement. Au contraire, cette même augmentation sera jugée quantité négligeable par le propriétaire de l'usine où travaille l'ouvrier en question. Par cet exemple, nous voyons que la conscience n'est pas une activité psychique ou intellectuelle qui s'effectue en dehors de la réalité. À l'opposé, elle découle d'une pratique particulière, d'une manière de vivre propre à une classe ou à une société donnée. La conscience est, en quelque sorte, un produit social. La

---

13. K. Marx et F. Engels, *L'Idéologie allemande*, Paris, Éditions sociales, 1968, p. 56.
14. *Ibid.*, p. 51.
15. *Ibid.*, p. 70.
16. *Ibid.*, p. 16.
17. Karl Marx, *Critique de l'économie politique*, in *Œuvres (Économie)*, *op. cit.*, p. 273.

représentation que nous nous faisons des choses, des événements et des hommes ne nous vient donc pas de nous-mêmes en tant qu'êtres autonomes de pensée, mais provient de l'organisation sociale et économique dans laquelle nous sommes inscrits. Ce que nous appelons fièrement notre propre manière de penser, ce que nous défendons comme nos propres opinions ne sont, en fait, que le résultat d'un **déterminisme** issu de la structure sociale et des conditions de production ambiantes.

> La production des idées, des représentations et de la conscience est d'abord directement et intimement liée à l'activité matérielle et au commerce matériel des hommes, elle est le langage de la vie réelle. Les représentations, la pensée, le commerce intellectuel des hommes apparaissent ici encore comme l'émanation de leur comportement matériel. Il en va de même de la production intellectuelle telle qu'elle se présente dans le langage de la politique, des lois, de la morale, de la religion, de la métaphysique d'un peuple. Ce sont les hommes qui sont les producteurs de leurs représentations, de leurs idées, [...] mais les hommes réels, agissants, tels qu'ils sont conditionnés par un développement déterminé de leurs forces productives et des rapports qui y correspondent[18]...

Si, par exemple, les citoyens de l'Union soviétique n'ont pas, généralement, les mêmes représentations et conceptions des choses et des hommes, s'ils n'ont pas les mêmes critères d'évaluation de la réalité que les Américains, c'est que les Soviétiques vivent dans un régime économique et social totalement différent de celui des Américains. En résumé, il est possible d'affirmer avec Marx que « les idées, les conceptions et les notions des hommes, en un mot leur conscience change avec tout changement survenu dans leurs conditions de vie, leurs relations sociales, leur existence sociale[19] ».

L'homme et le travail

Le travail occupe un rôle déterminant dans la philosophie marxienne. En effet, Marx a fait du travail la base de sa conception de l'être humain. Il s'oppose ainsi au rationalisme classique de Platon, d'Aristote ou de Descartes qui expliquait l'homme par la seule raison. D'après Marx, il ne faut accorder la primauté non pas à la contemplation, mais à l'action. C'est l'homme agissant et non l'homme pensant qui intéresse Marx. L'être humain est avant tout un être de *praxis*. La praxis exprime l'unité nécessaire de la pensée et de la pratique, du savoir et de l'action. L'homme est

---

18. K. Marx et F. Engels, *L'Idéologie allemande, op. cit.,* pp. 15-16.
19. K. Marx et F. Engels, *Manifeste du Parti communiste,* Paris, Union générale d'éditions, coll. 10-18, 1962, p. 44.

donc un être de praxis dans le sens où, à la fois, il agit concrètement dans la réalité et possède une connaissance théorique de son action. Or, le caractère spécifique de l'être humain trouve son expression, selon Marx, dans le travail qui doit être cette « activité libre et consciente » qui unit l'homme à la nature et aux autres hommes. En effet, c'est par le travail que l'être humain agit sur la nature, que ses rapports avec elle s'en trouvent modifiés, en même temps qu'il se transforme lui-même. C'est en fabriquant un monde d'objets, en façonnant la nature à son image, que l'humain s'affirme comme être conscient qui **s'actualise** dans le réel. Le travail est « l'activité propre de l'homme » qui doit lui permettre d'exprimer ses capacités intellectuelles et physiques et, par conséquent, de se réaliser lui-même. En plus de répondre à la satisfaction de ses besoins, l'homme se crée lui-même par le travail productif. Il se fait par le travail dans la mesure où c'est en produisant qu'il se définit en tant qu'être humain.

> Le travail est de prime abord un acte qui se passe entre l'homme et la nature. L'homme y joue lui-même vis-à-vis de la nature le rôle d'une puissance naturelle. Les forces dont son corps est doué, bras et jambes, tête et mains, il les met en mouvement, afin de s'assimiler des matières en leur donnant une forme utile à sa vie. En même temps qu'il agit par ce mouvement sur la nature extérieure et la modifie, il modifie sa propre nature, et développe les facultés qui y sommeillent[20].

Par l'intermédiaire du travail, l'homme peut donc être perçu comme un être en relation avec la nature. Mais le travail sert aussi de médiation sociale. Tant sur le plan de la production que sur celui de la distribution des biens et services, s'installent des rapports entre ouvriers, des rapports entre patrons, des rapports, enfin, entre patrons et ouvriers. La relation entre ces différents protagonistes économiques peut être harmonieuse et permettre le plein développement de l'individu ; au contraire, elle peut être dégradante et produire un être mutilé qui se déshumanise mentalement et physiquement. Or, selon Marx, le système économique et social du milieu du XIXe siècle domine et exploite le travailleur. Ce système capitaliste produit un homme malade, fragmenté, morcelé qui ne se possède pas, et qui se perd dans sa relation au travail et à l'objet qu'il produit. « Le travail, écrit Marx, seul lien qui les [individus] unisse encore aux forces productives et à leur propre existence, a perdu chez eux toute apparence de manifestation de soi et ne maintient leur vie qu'en l'étiolant[21]. » Dans un tel contexte de dépersonnalisation, le travailleur devient étranger aux objets que fabriquent ses mains, étranger à son essence qui est de manifester son être propre en produisant et en entrant ainsi en rapport avec la

---

20. Karl Marx, *Le Capital,* troisième section, *in Œuvres (Économie), op. cit.,* pp. 727-728.
21. K. Marx et F. Engels, *L'Idéologie allemande, op. cit.,* p. 150.

nature et avec les autres hommes. En régime économique capitaliste, « l'ouvrier ressent la nature extérieure du travail par le fait qu'il n'est pas son bien propre, mais celui d'un autre, qu'il ne lui appartient pas ; que dans le travail l'ouvrier ne s'appartient pas à lui-même, mais à un autre[22] ».

Pour saisir toutes les dimensions de l'homme actif et libre qui s'approprie, par le travail, la nature avec ses propres forces, et qui, ce faisant, entre en relation de solidarité avec les autres, il faut envisager le concept d'aliénation auquel Marx se réfère pour expliquer le fait que l'homme n'est pas, en régime capitaliste, ce qu'il devrait être.

Les différentes formes de l'aliénation humaine

Parce que la doctrine marxienne veut donner la possibilité à « l'homme total » de se réaliser dans l'histoire, elle analyse, afin de mieux les combattre, les aliénations majeures qui pèsent sur l'homme. Mais qu'est-ce que l'aliénation ? L'aliénation désigne l'état de l'individu qui, conséquemment à des circonstances extérieures, cesse de s'appartenir en propre, est étranger à lui-même, devient l'esclave d'une puissance étrangère qu'il ne contrôle pas. Or, selon Marx, le travailleur-prolétaire, qui constitue la majorité du genre humain de son époque, est justement un être aliéné dans les principaux domaines où devraient s'exercer sa grandeur et sa liberté : les domaines économique, politique, religieux.

L'aliénation économique

D'après Marx, l'émancipation de l'homme passe d'abord par une libération de l'aliénation économique, car c'est elle qui engendre toutes les autres, et son abolition entraînera nécessairement la suppression des autres formes d'aliénations. Or, dans les conditions de l'économie capitaliste, l'être humain est aliéné par le travail lui-même. Ce système économique, dominé par la division du travail et par la propriété privée des moyens de production, fait en sorte que l'homme **s'objective** de façon inhumaine. Expliquons brièvement ces deux premiers éléments de l'aliénation économique.

La division du travail en tant que telle s'actualise « au moment où s'opère une division entre travail manuel et travail intellectuel », et où, conséquemment, « la jouissance et le travail, la production et la consommation échoient en partage à des individus différents[23] ». À l'intérieur du mode de production artisanale, le cordonnier, par exemple, se représentait en esprit le type de souliers qu'il se proposait de créer durant sa journée de travail. Il en imaginait la structure, la forme, la couleur, les différentes étapes par lesquelles il prévoyait passer, etc. Bref, il pensait le travail à accomplir. Ensuite, ses mains se mettaient à l'ouvrage. En étant conscient

---

22. Karl Marx, *Ébauche d'une critique de l'économie politique, in Œuvres (Économie), op. cit.,* t. II, p. 61.
23. K. Marx et F. Engels, *L'Idéologie allemande, op. cit.,* pp. 45-46.

de son ouvrage, il exécutait avec minutie chaque geste et chaque tâche nécessaires à la réalisation de la paire de souliers. À la fin de sa journée de travail, l'artisan-cordonnier pouvait regarder son œuvre avec fierté puisqu'elle était entièrement de lui et qu'il pouvait s'y reconnaître.

Il en fut tout autrement avec la venue du machinisme, puis de la grande industrie, où l'ouvrier dut se soumettre à une parcellisation de plus en plus poussée de son travail. Dès lors, il ne doit exécuter qu'un élément limité et défini de l'ensemble des tâches essentielles à la production de l'objet, d'où l'obligation de répéter mécaniquement le même geste à longueur de journée. « Le travail des prolétaires, dit Marx, a perdu tout attrait avec le développement du machinisme et la division du travail. Le travailleur devient un simple accessoire de la machine ; on n'exige de lui que l'opération la plus simple, la plus monotone, la plus vite apprise[24]. » Ainsi, l'ouvrier devient un être divisé, enchaîné toute sa vie durant à une fonction productive partielle. Le travail en tant qu'activité le déshumanise, le rend étranger à lui-même.

> Dans son travail, l'ouvrier ne s'affirme pas, mais se nie ; il ne s'y sent pas satisfait, mais malheureux ; il n'y déploie pas une libre énergie physique et intellectuelle, mais mortifie son corps et ruine son esprit. C'est pourquoi l'ouvrier n'a le sentiment d'être à soi qu'en dehors du travail ; dans le travail, il se sent extérieur à soi-même. Il est lui quand il ne travaille pas et, quand il travaille, il n'est pas lui. Son travail n'est pas volontaire, mais contraint. *Travail forcé,* il n'est pas la satisfaction d'un besoin, mais seulement un *moyen* de satisfaire des besoins en dehors du travail[25].

D'autre part, la division du travail fait en sorte que les ouvriers ne peuvent exercer leur travail comme une « manifestation de soi », dans la mesure où ce qu'ils produisent devient « un être étranger », une « puissance indépendante » qui se situe à l'extérieur d'eux-mêmes. En d'autres mots, le rapport de l'ouvrier aux objets qu'il fabrique est un rapport aliéné dans le sens où ces objets, situés en face de lui, contiennent sa force de travail dont il a été dépouillé, et qu'en plus, ces objets ne lui appartiennent pas en propre.

La division manufacturière ou technique du travail implique donc nécessairement la notion de propriété. D'ailleurs, c'est par l'analyse de la division du travail que Marx aborde la problématique de la propriété privée. D'abord, il énonce que la propriété privée est « la raison, la cause du travail aliéné ». Mais en même temps, elle apparaît comme « le produit, le

---

24. Karl Marx, *Économie et Philosophie (Manuscrits parisiens de 1844), in Œuvres (Économie), op. cit.,* t. II, p. 628.
25. Karl Marx, *ibid.,* pp. 60-61.

résultat, la conséquence nécessaire du travail aliéné[26]». C'est donc dire que la propriété privée se présente à Marx comme étant à la fois l'effet du travail aliéné et l'instrument par lequel le travail s'aliène. Précisons tout de suite de quel type de propriété privée il s'agit. Marx n'a jamais condamné la propriété privée des biens de consommation. L'individu peut donc, en toute quiétude, être l'heureux propriétaire d'une chaîne stéréo, d'un vélo, d'une auto, etc. Ce type de propriété n'entraîne aucune forme d'exploitation. D'après Marx, c'est la propriété privée des moyens de production qui, seule, pose problème. Elle est source d'aliénation dans la mesure où la majorité des hommes et des femmes doivent, pour gagner leur vie, s'en remettre à la volonté du bourgeois-capitaliste qui est le propriétaire de l'usine, des machines, des outils, alors que l'ouvrier ne possède en propre que sa force de travail. « Un être, dit Marx, se considère comme indépendant dès qu'il est son propre maître, et il n'est son propre maître que s'il doit son existence à lui-même. Un homme qui vit de la grâce d'un autre se considère comme dépendant[27]. »

Pour compléter l'explication sur l'aliénation économique dont souffre la classe prolétarienne, il faut se référer au concept de la *plus-value* qui peut être défini comme la différence entre ce que le travailleur coûte pour produire et ce qu'il rapporte en produisant. Selon Marx, le capitaliste exploite l'ouvrier car il lui paie un salaire dont la valeur est moindre que celle que produit l'ouvrier dans sa journée de travail. À titre d'exemple, supposons qu'un ouvrier requiert — pour renouveler quotidiennement sa force de travail[28] — une valeur qui corresponde à 6 heures de travail (le « travail nécessaire »). Or, le capitaliste de la fin du XIXe siècle fait travailler l'ouvrier 14 heures par jour. Ces 8 heures supplémentaires sont du « surtravail » dont le fruit constitue la plus-value que le capitaliste met dans sa poche. La plus-value est carrément du travail non payé à l'ouvrier. En régime capitaliste, le profit se fait sur le dos du travailleur qui est littéralement volé par son patron. Pour contrer cette exploitation éhontée de l'ouvrier, Marx propose l'abolition pure et simple du salariat car une simple hausse du salaire ne constituerait « qu'une *meilleure rémunération d'esclaves* ; ce ne serait ni pour le travailleur ni pour le travail une conquête de leur vocation et de leur dignité humaines[29] ».

L'aliénation politique

L'aliénation politique découle de l'aliénation économique. La dépendance économique entraîne nécessairement la dépendance politique.

---

26. *Ibid.*, p. 67.
27. *Ibid.*, p. 88.
28. Renouveler sa force de travail dans le sens de se loger, se reposer, se nourrir, s'habiller, etc. ; bref, tout ce qui est nécessaire pour revenir le lendemain au travail avec la capacité de produire à nouveau.
29. Karl Marx, *Économie et Philosophie (Manuscrits parisiens de 1844)*, in *Œuvres (Économie), op. cit.*, p. 68.

Nous avons vu précédemment que l'État fait partie de la Superstructure générée par une société qui se fonde sur des classes économiquement antagonistes. Plus particulièrement, la classe qui domine sur le plan économique s'empare du pouvoir politique et utilise l'État afin de maintenir ses privilèges. L'État bourgeois n'est donc pas un appareil neutre au service de toute la société. Il est l'incarnation illusoire de la communauté, car en réalité la classe possédante s'en sert comme instrument de domination de la classe prolétarienne. L'État bourgeois s'exerce exclusivement en fonction des intérêts de la bourgeoisie. « Le gouvernement moderne, dit Marx, n'est qu'un comité qui gère les affaires de la classe bourgeoise tout entière[30]. » En conséquence, les prolétaires doivent − s'ils veulent s'affirmer et s'émanciper à la fois comme personnes et comme groupe social − « conquérir le pouvoir politique [en renversant l'État], s'ériger en classe dirigeante de la nation, devenir la nation[31]... » De toute façon, « les prolétaires n'ont rien à perdre que leurs chaînes » ! Et, les derniers mots du *Manifeste* constituent un cri de ralliement lancé aux travailleurs du monde entier : « PROLÉTAIRES DE TOUS LES PAYS, UNISSEZ-VOUS[32] ! »

Cependant, l'État bourgeois ne pourra être efficacement et définitivement renversé par la révolution prolétarienne que si une autre aliénation est liquidée : l'aliénation religieuse.

L'aliénation religieuse

Même si c'est l'aliénation économique qu'il importe de comprendre et de supprimer en premier lieu, la dénonciation de l'illusion religieuse et la lutte contre l'aliénation qui en découle exigent, selon Marx, une vigueur particulière. Pourquoi ? Parce que la religion − en demandant, en règle générale, aux croyants de se résigner, de se soumettre, d'accepter leurs conditions misérables d'existence − paralyse tout essai de révolution et toute possibilité de progrès.

La religion est une institution idéologique et, en cela, elle exprime la misère économique et sociale des croyants et y apporte une réponse. En effet, le besoin religieux qu'éprouvent les masses asservies s'explique par la nécessité, pour elles, de s'évader de leur réalité pitoyable. « La religion, écrit Marx, est le soupir de la créature accablée par le malheur, l'âme d'un monde sans cœur... C'est l'opium du peuple[33] ». Pour supporter leurs indigences terrestres, les gens du peuple s'inventent un bonheur illusoire en compagnie d'un Dieu imaginaire qu'ils rencontreront dans un au-delà fantasmagorique. La religion soustrait donc l'homme à lui-même pour le transporter dans un monde fictif où il se berce d'illusions. Ainsi, en cherchant à soumettre les croyants à un monde de chimères, la religion

---

30. K. Marx et F. Engels, *Manifeste du Parti communiste, op. cit.,* p. 22.
31. *Ibid.,* p. 43.
32. *Ibid.,* p. 62.
33. Karl Marx, *Contribution à la critique de la philosophie du droit de Hegel, in Œuvres philosophiques,* Paris, Gallimard, Bibliothèque de la Pléiade, 1972, t. I, p. 84.

transforme l'homme libre et autonome en un être qui n'a plus aucune prise sur son existence et sur son destin. Le prolétaire — économiquement, socialement et politiquement exploité — ne prend même pas conscience de l'aliénation dans laquelle il est plongé. Il souffre et prie en silence, en espérant la venue d'un monde meilleur après la vie terrestre. Cette mise à l'écart de la prise de conscience et de l'action de la classe prolétarienne n'est pas sans combler d'aise et de bonheur la classe dirigeante ! Marx dénonça vigoureusement la collusion historique entre le pouvoir économique et le pouvoir religieux : les possédants s'appuyant sur la religion officielle pour justifier leur domination, pour endormir le peuple, pour l'empêcher de réfléchir sur les injustices dont il est victime et de revendiquer ses droits par la révolution. C'est dans cette mesure que la religion est « l'opium du peuple » !

Conclusion

Marx démontra, dans sa vie et dans son œuvre, un souci profond de l'être humain et de son avenir. Son but ultime fut l'émancipation de l'homme, c'est-à-dire la libération des aliénations dont il est l'objet afin de lui redonner son intégrité et sa dignité. Marx espérait qu'un jour les conditions seraient propices à la réalisation de l'homme total qui se développerait à la fois intellectuellement et manuellement, individuellement et socialement. Ainsi, seraient réunis les éléments essentiels à la construction d'une société vraiment humaine, rien qu'humaine, où les individus seraient heureux parce qu'ils pourraient s'y épanouir. La conception marxienne de l'être humain se fonde donc sur une croyance implicite en la bonté naturelle de l'homme. En effet, Marx pensait que le jour où seraient supprimées les entraves économiques, politiques et religieuses, l'être humain aurait la capacité de s'affirmer sans abuser du pouvoir et sans l'utiliser exclusivement à ses propres fins.

En terminant, permettons-nous une petite critique. À notre avis, la faiblesse de Marx fut de réduire la personne et son destin aux dimensions de son être historique qui produit, transforme et consomme. En d'autres mots, Marx surestima les facteurs économiques dans sa définition de l'homme. En s'intéressant presque exclusivement à l'activité économique de l'être humain, la vision qu'il se fit de ce dernier s'en trouva quelque peu simplifiée. Ce faisant, il commit l'erreur de considérer que la libération économique entraînerait automatiquement la liberté, la justice, la coopération entre les individus. C'était, à notre avis, négliger l'importance chez l'être humain de forces irrationnelles, agressives, et parfois même destructrices qui demeurent quelles que soient les transformations économiques apportées à la société.

ACTIVITÉ D'APPRENTISSAGE

Objectifs spécifiques

L'étudiant ou l'étudiante devra être capable de :
* transposer dans ses propres mots le contenu d'une citation portant sur la dimension sociale de l'être humain ;
* évaluer cette citation, c'est-à-dire exprimer son accord ou son désaccord et en donner les raisons.

Consignes :

1. Choisissez une citation parmi les 10 citations qui suivent.
2. Reformulez dans vos propres mots la citation choisie.
3. Répondez aux questions-guides posées.
   (Il est à noter que vous êtes tout à fait en droit de déborder le cadre de ces questions et de répondre à toutes autres questions que vous jugez prioritaires.)

N.B. : Cette activité d'apprentissage doit surtout vous servir à développer, d'une manière étayée et cohérente, votre opinion sur la dimension sociale de l'être humain en transposant dans vos propres mots et en évaluant le contenu de la citation choisie. Conséquemment, vous devez apporter au moins trois arguments-clés pour appuyer vos affirmations.
Minimum suggéré : deux pages.

Questions

1. ALAIN *(Propos II,* 22 juil. 1908, Pléiade, p. 82)
   Je crois que la société est fille de la peur, et non pas de la faim. Bien mieux, je dirais que le premier effet de la faim a dû être de disperser les hommes plutôt que de les rassembler, tous allant chercher leur nourriture justement dans les régions les moins explorées. Seulement tandis que le désir les dispersait, la peur les rassemblait. Le matin, ils sentaient la faim et devenaient anarchistes. Mais le soir ils sentaient la fatigue et la peur, et ils aimaient les lois.

   a) Croyez-vous, d'une part, que la société soit « la fille de la peur » et que les hommes aiment les lois justement parce qu'elles les protègent de cette peur primitive ?
   b) D'autre part, pensez-vous, à l'instar du philosophe Alain, que les hommes, éprouvant la faim, deviennent individualistes et anarchistes ?

2.   CHAMFORT *(Maximes et pensées, caractères et anecdotes,* 1795, Garnier-Frères, chap. 1, 67)
   Les fléaux physiques et les calamités de la nature humaine ont rendu la société nécessaire. La société a ajouté aux malheurs de la nature. Les inconvénients de la société ont amené la nécessité du gouvernement, et le gouvernement ajoute aux malheurs de la société. Voilà l'histoire de la nature humaine.

a) Croyez-vous que le besoin de vivre en société soit né de la nécessité de se protéger contre les « malheurs de la nature », et que cet impératif entraîne des conséquences négatives au bout de la ligne ?

b) Que pensez-vous de ce bref portrait de l'histoire de la nature humaine brossé par Chamfort ?

3.   COMTE *(Système de politique positive,* 1852, t. II, chap V, p. 304.)
   Notre nature cérébrale, simultanément disposée au sentiment, à l'activité et à l'intelligence, nous rend susceptibles de trois modes d'association, suivant celle des trois tendances qui devient prépondérante. De là résultent successivement trois sociétés humaines, de moins en moins intimes et de plus en plus étendues, dont chacune forme l'élément spontané de la suivante, la famille, la cité, et l'Église.

a) Pensez-vous que la preuve de la composante sociale de l'être humain se manifeste par sa tendance à l'« association » ?

b) Êtes-vous en accord ou en désaccord avec Auguste Comte qui lie « sentiment » à « famille », « activité » à « cité » et « intelligence » à « Église » ?

4.   DELACROIX *(Journal,* 17 novembre 1852)
   L'homme est un animal sociable qui déteste ses semblables.

a) Dans le cadre de cette citation, quel sens peut-on donner à l'expression « animal sociable » ?

b) Y a-t-il une contradiction véritable ou une simple apparence de contradiction dans l'affirmation de Delacroix ?

5.   DIDEROT *(Observations sur l'Instruction de S.M.I. aux députés pour la confection des lois,* 1774, art. 250, p. 70)
   Si la terre avait satisfait d'elle-même à tous les besoins de l'homme, il n'y aurait point eu de société ; d'où il s'ensuit, ce me semble que c'est la nécessité de lutter contre l'ennemi commun, toujours subsistant, la nature, qui a rassemblé les hommes.

a) Diderot ne simplifie-t-il pas trop la réalité en voyant la naissance de la société comme le résultat de la lutte pour la satisfaction des besoins ?

b) Peut-on imaginer une terre d'abondance qui ne soit pas organisée en société ?

6. KANT *(Idées d'une histoire universelle au point de vue cosmo-politique,* 1784, trad. S. Piobetta, *in La Philosophie de l'Histoire,* Aubier, p. 64)

    Le moyen dont la nature se sert pour mener à bien le déve-loppement de toutes ses dispositions est leur *antagonisme* au sein de la Société, pour autant que celui-ci est cependant en fin de compte la cause d'une ordonnance régulière de cette Société. J'entends ici par antagonisme *l'insociable sociabilité* des hommes, c'est-à-dire leur inclination à entrer en société, inclination qui est cependant doublée d'une répulsion générale à le faire, menaçant constamment de désagréger cette société.

a) Croyez-vous, à l'instar de Kant, que les êtres humains ont à la fois une inclination et une répulsion à entrer en société ?

b) Quels seraient, d'après vous, les comportements qui pourraient entraî-ner la désagrégation de la société ?

7. KANT *(Anthropologie du point de vue pragmatique,* 1798, trad. Michel Foucault, Vrin, 1964, p. 167)

    L'homme n'était pas destiné à faire partie d'un troupeau comme un animal domestique, mais d'une ruche comme les abeilles.

a) Quelles sont les principales caractéristiques d'un animal domestique qui vit en troupeau ?

b) Décrivez les attitudes et les comportements des abeilles à l'intérieur de la ruche qui pourraient servir de fondements à la comparaison : hom-mes/société = abeilles/ruche.

8. MARX-ENGELS *(L'Idéologie allemande,* 1846, trad. de H. Auger, G. Badia, J. Baudrillard, R. Cartelle, Éditions sociales, p. 474)

    La société a toujours évolué dans le cadre d'un antago-nisme, celui des hommes libres et des esclaves dans l'anti-quité, des nobles et des serfs au Moyen Âge, de la bourgeoisie et du prolétariat dans les temps modernes.

a) D'après vous, cette interprétation de l'histoire de l'humanité en fonc-tion d'un conflit entre deux classes qui s'opposent constitue-t-elle une lecture réductrice de la réalité ?

b) Est-ce que, selon vous, la société d'aujourd'hui peut être comprise et expliquée à partir de l'antagonisme bourgeoisie/prolétariat ?

9. ROUSSEAU *(Émile ou De l'éducation,* 1762, Livre I, éd. du Seuil, t. 3, p. 21)

Les bonnes institutions sociales sont celles qui savent le mieux dénaturer l'homme, lui ôter son existence absolue pour lui en donner une relative, et transporter le *moi* dans l'unité commune ; en sorte que chaque particulier ne se croit plus un, mais partie de l'unité, et ne soit plus sensible que dans le tout.

a) Croyez-vous que la vie en société dénature l'être humain ?

b) Est-ce que l'être humain y perd son individualité en ne se percevant plus que dans le tout ?

10. SCHOPENHAUER *(Parerga und Paralipomena,* 1851, t. II, chap. 31, 400, trad. Cantacuzène, 1880)

Par une froide journée d'hiver, un troupeau de porcs-épics s'était mis en groupe serré pour se garantir mutuellement contre la gelée par leur propre chaleur. Mais tout aussitôt ils ressentirent les atteintes de leurs piquants, ce qui les fit s'éloigner les uns des autres. Quand le besoin de se chauffer les eut rapprochés de nouveau, le même inconvénient se renouvela, de façon qu'ils étaient ballottés de ça et de là entre les deux souffrances, jusqu'à ce qu'ils eussent fini par trouver une distance moyenne qui leur rendit la situation supportable. Ainsi, le besoin de société, né du vide et de la monotonie de leur propre intérieur, pousse les hommes les uns vers les autres ; mais leurs nombreuses qualités repoussantes et leurs insupportables défauts les dispersent de nouveau. La distance moyenne qu'ils finissent par découvrir et à laquelle la vie en commun devient possible, c'est la *politesse* et les *belles manières.*

a) Que pensez-vous de la position de Schopenhauer qui dit que notre « besoin de société » naît « du vide et de la monotonie » de notre vie intérieure ?

b) Quelles seraient nos « qualités repoussantes » et nos « insupportables défauts » qui font que le lien social ne dure pas ?

c) Quelles « distances moyennes » (autres que « la politesse et les belles manières ») pourrions-nous découvrir et expérimenter pour que la vie en commun devienne possible ?

4 La personne comme être régi par l'inconscient

La conception freudienne de l'être humain

L'inconscient est le psychique lui-même et son essentielle réalité. Sa nature intime nous est aussi inconnue que la réalité du monde extérieur, et la conscience nous renseigne sur lui d'une manière aussi incomplète que nos organes des sens sur le monde extérieur.

Sigmund Freud, *L'Interprétation des rêves,* p. 520

Freud et la psychanalyse

Sigmund Freud naît le 6 mai 1856, d'une famille de commerçants juifs habitant la Moravie (aujourd'hui la Tchécoslovaquie). Alors qu'il est âgé de cinq ans, sa famille s'installe à Vienne (Autriche) ; Freud y passera la majeure partie de sa vie. En 1873, il commence ses études médicales à l'Université de Vienne et les termine en 1881. Il s'intéresse surtout à la neurophysiologie, c'est-à-dire à l'étude des tissus et du système nerveux. À cette époque, Freud se consacre exclusivement à des travaux de recherche en laboratoire ; il veut être un savant, pas un médecin. Mais des difficultés financières l'obligent à embrasser la carrière médicale. De 1882 à 1885, il complète sa formation clinique à l'Hôpital général de Vienne, se spécialisant en neuropathologie. Par la suite, il étudie à Paris avec Jean-Martin Charcot, neurologue alors mondialement connu. C'est en avril 1886 que Freud commence à exercer comme spécialiste des maladies nerveuses et qu'il rencontre ses premiers patients auxquels on donnait le nom de « nerveux ». Il mène une longue et controversée carrière de médecin-thérapeute et d'écrivain qui irrite plusieurs de ses contemporains parce qu'il proclame l'importance de l'inconscient et de la sexualité chez l'être humain. Freud meurt, le 29 septembre 1939, d'un cancer de la mâchoire maintes fois opéré, qui le fit atrocement souffrir pendant les 16 dernières années de sa vie.

Freud fonda la *psychanalyse,* c'est-à-dire cette méthode de psychologie clinique permettant d'investiguer les processus **psychiques** profonds à l'œuvre dans la **névrose** et dans l'hystérie. La psychanalyse correspond d'abord à une thérapeutique médicale d'exploration du passé qui cherche à identifier les causes perturbatrices responsables des névroses. La technique nouvelle et révolutionnaire qu'expérimente Freud est la méthode de l'*association libre* pour retrouver le souvenir des événements traumatisants à l'origine des symptômes névrotiques et enfoui dans l'inconscient du malade. Même s'il ne sait pas ce qui est refoulé dans son inconscient, seul le patient peut le découvrir et travailler à le rendre inoffensif en exprimant librement tout ce qui vient à son esprit : mots, réminiscences, rêves, etc. Avec l'aide de l'analyste, le patient tentera de surmonter ses propres résistances afin de comprendre les motivations cachées de son comportement. Mais plus que cela, la psychanalyse constitue une grille d'analyse qui explore les structures psychiques de la personnalité humaine ainsi que les stades successifs de son évolution. En cela, elle peut être considérée comme une approche philosophique de l'être humain.

L'inconscient

Dans son livre *L'Interprétation des rêves*[1], publié en 1900, Freud énonce que les rêves expriment symboliquement des pensées et des désirs inconscients contrariés dans leur cours par les exigences de la morale ambiante. C'est par l'étude du rêve qu'il découvre l'importance capitale de l'inconscient dans la vie psychique de l'être humain : une couche profonde du psychisme échapperait à notre conscience...

Or, au début du XXᵉ siècle, la dimension de l'inconscient était fort mal connue. Certains psychologues l'avaient déjà pris en considération, mais le mérite revient à Freud d'en avoir identifié le contenu et mis en lumière ses manifestations dans le psychisme tout entier. Pour Freud, l'inconscient est la vie psychique elle-même ; il en est la matrice et la source. « Bien des gens, écrit Freud, appartenant ou non aux milieux scientifiques, se contentent de croire que le **conscient** constitue à lui seul tout le psychisme[2] ». Au contraire, seule une petite part de l'activité psychique est consciente, selon Freud. La quasi-totalité en est inconsciente et contient les désirs et les idées inavouables qui conditionnent le comportement. Et c'est justement cette large part d'« inconscience » qui constitue le psychisme humain.

Cette vie psychique inconsciente se déroule en nous et détermine, à notre insu, notre comportement. Elle est constituée des **pulsions** instinctives, affectives ou sexuelles. Ces pulsions auraient dû être normalement

---

1. Sigmund Freud, *L'Interprétation des rêves,* Paris, P.U.F., 1967.
2. Sigmund Freud, *Abrégé de psychanalyse,* Paris, P.U.F., p. 18.

intégrées au niveau de la conscience lors de la petite enfance. Mais, à cause d'un vécu traumatisant (en particulier la crainte de perdre l'amour des parents), ou à cause de circonstances extérieures (règles éducatives strictes), ces pulsions ont été **refoulées** et niées par la conscience qui n'a alors plus d'autre choix que de les oublier de façon définitive (c'est-à-dire de les reléguer dans l'inconscient). Mais les désirs ainsi refoulés dans la zone inconsciente n'en continuent pas moins d'exister et d'influencer la conduite de l'individu. Le rôle du psychanalyste sera alors de ramener à la conscience les désirs refoulés afin d'en permettre l'intégration.

Avec sa théorie de l'inconscient, Freud a révolutionné la représentation qu'on se faisait de l'être humain. C'est à une nouvelle conception de la personnalité qu'il nous convie. Cependant, il faut noter que la description que Freud fit de l'appareil psychique est née de son expérience médicale et a servi d'assise à sa méthode de traitement. En conséquence, n'oublions pas que ce portrait de l'être humain — même s'il est présenté comme étant pertinent et valable pour tous — provient d'une volonté de comprendre et d'expliquer l'homme *malade* !

L'appareil psychique

Freud s'est intéressé toute sa vie à ce qui se passe — sans que nous en ayons conscience — entre notre cerveau (c'est-à-dire le lieu physiologique où se situe et agit notre vie psychique) et les actes que nous posons. Il a voulu inventorier les lois et les principes qui gouvernent notre appareil psychique. Ainsi, pour mieux en comprendre le fonctionnement, il a inventé trois concepts structuraux ou instances : le *ça,* le *moi* et le *surmoi.*

Le *ça*

Freud donne le nom de *ça* à la partie la plus ancienne de l'appareil psychique. Le psychisme n'est d'abord que le *ça* inorganisé, c'est-à-dire « tout ce que l'être apporte en naissant[3] ». Le *ça* correspond à la base primitive et inconsciente du psychisme qui est dominée par les besoins primaires. Le psychisme du nouveau-né n'est constitué à l'origine que du *ça.* Lorsqu'il a faim, l'enfant manifeste cette pulsion par des pleurs et des cris. Il veut se satisfaire tout de suite. Il est pris par cette faim qui mobilise la totalité de son être. En somme, le contenu du *ça* est constitué par un ensemble de désirs, besoins et pulsions (surtout sexuelles[4]) qui fonctionnent exclusivement selon le *principe de plaisir,* c'est-à-dire selon un processus primaire

---

3. *Ibid.,* p. 4.
4. Freud a découvert que les contenus psychiques refoulés sont liés à la sexualité. Il est à noter que les pulsions sexuelles sont considérées par Freud comme la principale force motivant l'être humain. Cependant, la sexualité est pour Freud une notion large qui désigne beaucoup plus que les activités et le plaisir reliés au fonctionnement de l'appareil génital. Elle englobe toute une série de pratiques et d'excitations qui procurent du plaisir, et ce dès l'enfance (par exemple sucer son pouce). Freud donne le nom de *libido* à cette pulsion sans objet défini et sans destination précise qui anime la personne vers la satisfaction de ses besoins « sexuels ».

d'accomplissement du désir qui ne tient compte d'aucune règle, norme ou logique. C'est comme si une pulsion me poussait à satisfaire mes désirs dans l'immédiat et de façon inconsidérée, sans que je pense à me protéger contre ce qui pourrait menacer ou compromettre la sécurité de ma personne. Évidemment, agir de manière impulsive, en ne nous souciant pas des conséquences reliées aux actes que nous posons, risque d'entrer en conflit avec la raison qui, elle, pense au lendemain et voit à éviter les dangers.

Le *ça* symbolise donc le psychisme humain à l'état naturel. Il est ce lieu, au plus profond de nous, où s'agitent les pulsions avant toute manifestation et tout contrôle de la culture. Mais il sert aussi de réservoir au refoulé, c'est-à-dire aux **représentations** qui ont été reléguées dans notre inconscient (et qui continuent à vivre et à s'y développer) parce qu'elles exprimaient des tendances culturellement et socialement inacceptables. Si on poursuit l'exemple du nouveau-né qui éprouve une faim subite, ses parents lui apprendront tôt ou tard à se discipliner, à contrôler ses besoins naturels sous peine d'être puni. Bref, ses parents lui inculqueront l'ensemble des valeurs et des règles propres à la société dans laquelle il grandira et qui, en règle générale, s'opposent à l'actualisation spontanée des pulsions.

Le *surmoi*

Durant la longue période d'enfance que nous traversons et pendant laquelle nous dépendons de nos parents, se forme une autre instance qui prolonge l'influence de ceux-ci. Freud appelle *surmoi* cette instance qui se modèle sur l'autorité parentale **introjectée** au cours de l'enfance.

> Ce n'est évidemment pas, écrit Freud, la seule personnalité des parents qui agit sur l'enfant, mais transmises par eux, l'influence des traditions familiales, raciales et nationales, ainsi que les exigences du milieu social immédiat qu'ils représentent. Le surmoi d'un sujet, au cours de son évolution, se modèle aussi sur les successeurs et sur les substituts des parents, par exemple sur certains éducateurs, certains personnages qui représentent au sein de la société des idéaux respectés[5].

Le *surmoi* représente un idéal à atteindre et répond au *principe de perfection*. C'est comme si le *surmoi* se faisait son propre cinéma en se projetant des images idéales de pensées et de comportements qui correspondent aux représentations intériorisées des valeurs parentales. En cela, il ressemble au *ça* puisque ces deux instances perçoivent la réalité de façon irréaliste : le *ça* en présente une vision anarchique, alors que le *surmoi* en propose une vision idéalisée.

---

5. Sigmund Freud, *Abrégé de psychanalyse, op. cit.*, pp. 5-6.

Le *surmoi* naît, selon Freud, à la suite du refoulement de la situation œdipienne[6]. Les pulsions œdipiennes ainsi enfouies au plus profond de l'inconscient sont en quelque sorte remplacées par le *surmoi*. Plus le *complexe d'Œdipe* aura été fort, plus vite le refoulement en aura été effectué, plus le *surmoi* régnera avec rigueur afin de contrôler l'utilisation de l'énergie des pulsions.

En conclusion, on peut dire que le *surmoi* correspond à une norme impérative qui résulte de l'intériorisation, au cours de l'enfance, de l'autorité parentale-institutionnelle et du sens moral de la culture environnante. En reléguant dans l'inconscient les pulsions instinctives et sexuelles et en refrénant tout ce qui n'est pas permis par notre culture (tabous et interdits), le *surmoi* joue un rôle de censure. Nous le « ressentons, dans son rôle de justicier, comme notre *conscience*... [qui surveille l'autre instance psychique (le *moi*)]... lui donne des ordres, le dirige, le menace de châtiment, exactement comme les parents dont elle a pris la place[7] ».

Le *moi*

Freud donne le nom de *moi* à cette « fraction de notre psychisme », à cette mince « surface » à la limite de l'inconscient et de la réalité extérieure. Le *moi* est l'instance qui sert d'intermédiaire entre le *ça* et les contraintes du monde extérieur représentées par le *surmoi*. Il essaie d'interposer une activité réflexive entre la pulsion et ce qu'il faut faire pour l'actualiser. En se basant sur les expériences passées et en prenant en considération la situation présente, il pèse le pour et le contre et décide si le mode de satisfaction projetée est réalisable sans danger. Tout cela a pour but ultime d'éviter la culpabilité que pourrait créer le *surmoi* et ainsi empêcher la naissance de l'angoisse qui en découlerait.

La principale fonction du *moi* est donc d'assurer le rapport à la réalité. Il est le représentant du *principe de réalité* qui voit à suspendre temporairement la pulsion jusqu'à ce que l'objet pouvant effectivement satisfaire cette dernière soit découvert ; ou encore, jusqu'à ce que l'objet désiré se rende disponible. L'exemple suivant peut illustrer cette fonction du *moi* axé sur le principe de réalité et qui, conséquemment, tient compte des exigences de la réalité. La femme avec laquelle je vis est installée à son bureau. Je la regarde et, soudain, un désir d'elle monte en moi. Mais elle travaille avec beaucoup de concentration à un rapport très important qu'elle doit obligatoirement remettre demain à son boulot ! C'est mon *moi* qui fera que je tolérerai que la satisfaction de mon désir soit différée

---

6. La situation œdipienne peut brièvement être décrite comme l'attachement incestueux que l'enfant éprouve (entre trois et cinq ans) envers le parent de sexe opposé. Cet attachement entraîne: *a*) une jalousie ressentie envers le parent du même sexe qui est perçu, dans l'inconscient, comme un rival et *b*) une culpabilité inconsciente qui fait suite aux sentiments d'agressivité à son égard. Freud a donné le nom de « complexe d'Œdipe » à la situation œdipienne non résolue.

7. Sigmund Freud, *Abrégé de psychanalyse, op. cit.*, p. 84.

ou ajournée. Je respecterai donc son travail et attendrai qu'elle ait terminé son rapport en espérant que...

Le *moi* possède une autre fonction capitale : celle d'agir comme instance **inhibitrice**. À l'intérieur de nous-même, le *moi* mène une action contre le *ça*. Il impose de fortes contraintes aux élans du *ça* en tentant d'acquérir la maîtrise des exigences pulsionnelles. « L'évolution du Moi, écrit Freud, va de la perception instinctive des instincts à la domination des instincts, de l'obéissance aux instincts à l'inhibition des instincts[8]. » Avant d'autoriser une action qui pourrait amener des conséquences fâcheuses ou engendrer de l'anxiété et de l'angoisse, le *moi* peut utiliser un **mécanisme de défense** tout à fait inconscient et automatique : le refoulement. Grâce à celui-ci, un barrage est érigé contre la pulsion menaçante, qui est alors refrénée sans que la volonté ou la liberté de l'individu y soit pour quelque chose. Prenons un autre exemple pour illustrer le refoulement. Un jeune manœuvre obtient un nouvel emploi dans une usine. À la première rencontre avec son contremaître, il ressent une antipathie à son endroit. Et plus les semaines passent, plus le rapport entre les deux hommes s'envenime. Le contremaître surveille sans cesse l'employé, le réprimande à la moindre faute. Le jeune manœuvre se met à le détester carrément et à éprouver beaucoup d'agressivité envers lui. Mais, pour ne pas risquer de perdre son emploi, le jeune homme ne riposte pas et ronge son frein en silence. Or, une nuit, il fait un rêve où il tue son contremaître à coups de couteau. Au réveil, il ne se rappellera pas le contenu de son rêve, car l'objectif premier du refoulement — comme celui de tout mécanisme de défense, d'ailleurs — est de maintenir hors de la conscience les conflits qu'il résout.

Dans le but de protéger son intégrité, le *moi* peut aussi réprimer délibérément et consciemment les pulsions inacceptables du *ça*. Prenons cette fois-ci comme exemple un professeur âgé d'une cinquantaine d'années qui éprouverait, envers l'une de ses jeunes étudiantes, un désir sexuel ardent qui ne cesse de le troubler. Aussitôt le cours terminé, il peut, sans faire intervenir sa raison, signifier à son étudiante l'immense désir qu'il ressent à son endroit. Au contraire, il peut — étant donné qu'il est et restera son professeur — se dire qu'il serait bien imprudent de se laisser ainsi aller à une impulsion aussi subite que déplacée. Conséquemment, il jugera préférable de différer la manifestation de son désir et attendra la fin de la session. Enfin, dernière possibilité : il se traitera de « vieux fou », alléguera le statut maître/élève, la différence d'âge inacceptable, les risques qu'on l'apprenne et ceux de perdre son emploi, etc., pour étouffer définitivement ce désir. Et comme par magie, la semaine suivante, lorsqu'il reverra la jeune étudiante, son désir d'elle ne sera plus aussi pressant.

Nous voyons par cet exemple que, dans son activité, le *moi* prend en considération les valeurs, normes et règles de la culture ambiante. Il

---

8. Sigmund Freud, *Essais de psychanalyse,* Paris, Petite Bibliothèque Payot, 1968, p. 230.

découvre le moyen le plus favorable et le moins périlleux de satisfaire besoins et pulsions tout en tenant compte des exigences du monde extérieur. En cela, il peut être considéré comme une sorte d'avocat qui négocie avec deux parties adverses : le *ça* et le *surmoi* ; sa principale tâche est de résoudre les conflits surgissant entre ces deux instances. Plus particulièrement, le *moi* est le lieu d'un équilibre, solide ou fragile, s'érigeant entre les pulsions du *ça* et les pressions morales du *surmoi*.

Conclusion

Aujourd'hui, il n'est pas possible de se représenter l'être humain comme si Freud n'avait jamais existé. Depuis la mise en lumière de l'inconscient, nous savons désormais que nous possédons une personnalité ignorée de nous-mêmes et que, par conséquent, nous avons parfois à démasquer les motivations inconscientes qui nous font faire ceci ou cela, qui nous font être ceci ou cela. Désormais, grâce à Freud, nous savons que le milieu culturel et social dans lequel nous grandissons conditionne et modèle notre affectivité, voire notre personne tout entière. Cette « pression civilisatrice[9] » supprime de façon souvent excessive (car elle provoque des névroses) les pulsions instinctuelles et leurs manifestations. Mais c'est le prix à payer, puisque, selon Freud, la civilisation naît nécessairement de la maîtrise des passions et de la non-satisfaction des pulsions instinctuelles.

Conséquemment, on peut dire que, selon Freud, l'être humain est un amalgame conflictuel de nature et de culture. À sa naissance, le petit humain est d'abord entièrement sous le joug des instincts. Il est exclusivement orienté vers la satisfaction **narcissique** de ses pulsions. Il n'est pas en mesure de peser le pour et le contre de ses actes (Nature). Puis, confronté à la réalité culturelle environnante, il doit petit à petit domestiquer ses pulsions qui vont à l'encontre des valeurs, normes et règles de la société (Culture). C'est par le biais de la socialisation que la culture tentera de contrôler (en la réprimant) sa nature biologique. Et l'homme idéal, pour Freud, sera celui qui aura réussi à maîtriser ses passions par la volonté et la raison ; ces dernières ayant été appuyées par le *surmoi* dans leur tâche de dominer les instincts. Au fond, dans sa visée dernière, la conception freudienne de l'être humain reste attachée aux grandes philosophies rationalistes. Malgré sa tentative de présenter le corps (pulsions/instincts [le *ça*]) et l'esprit (activités réflexives [le *moi*] et morales [le *surmoi*]) comme un ensemble unifié à l'intérieur de l'appareil psychique, Freud, à l'instar de Platon et de Descartes, privilégie la dimension intellectuelle et spirituelle de l'être humain. Certes, il essaie de dépasser le dualisme corps-esprit instauré par les deux grands philosophes, mais il n'en demeure pas moins qu'en découvrant les sources profondes et les mécanismes de fonctionnement des pulsions et des affects humains, Freud pensait avoir trouvé la base *scientifique* de la domination des instincts par la raison. D'ailleurs, il

---

9. Sigmund Freud, *Malaise dans la civilisation,* Paris, P.U.F., 1971, p. 57.

considérait et présentait toujours la psychanalyse comme un savoir scientifique qui, somme toute, expliquait rationnellement les bienfaits de la frustration instinctuelle en vue de réalisations culturelles. Il s'opposait vigoureusement à l'existence d'une philosophie particulière de l'homme et du monde à laquelle la psychanalyse aurait donné son expression.

Pourtant, le portrait que Freud brosse de nous-mêmes, aussi séduisant et pertinent soit-il, reste une théorie générale de la nature humaine et, spécifiquement, de l'inconscient et de ses diverses manifestations. Cette théorie déduite de faits cliniques — qui, en donnant une vision nouvelle de la condition humaine, a secoué la psychologie traditionnelle — ne peut toutefois revendiquer un caractère d'objectivité irréfutable. Cette conception de l'être humain est et demeure, au même titre que toutes les autres, une interprétation de l'homme.

Schéma de la conception freudienne de la personnalité

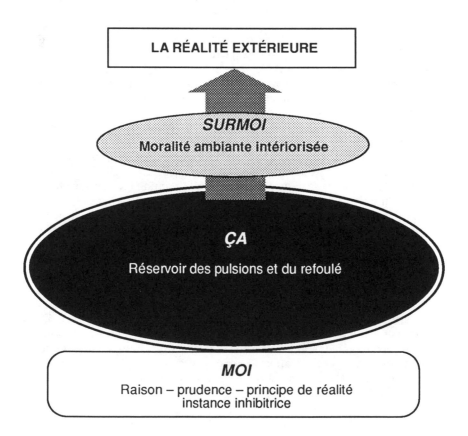

ACTIVITÉ D'APPRENTISSAGE

Objectif spécifique

L'étudiant ou l'étudiante devra être capable de :

- démontrer sa compréhension du texte sur la conception freudienne de l'être humain et des principaux concepts qui y sont expliqués en faisant les mots croisés[10] qui suivent.

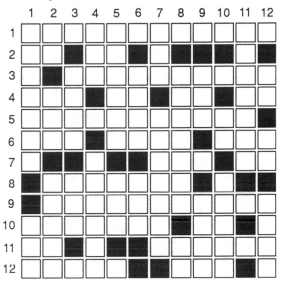

HORIZONTALEMENT

1. Théorie formulée par Freud
2. Ancien *do* — Article
3. Le *surmoi* répond à ce principe
4. Pièce de monnaie — Indique une alternative — Petit ruisseau — D'un verbe gai
5. Ensemble des phénomènes psychiques échappant à la conscience
6. Enlève — Connaît — Cite textuellement
7. Les siens — Note de musique
8. Passer quelque chose par le feu
9. Mécanisme de défense par lequel une pulsion est rendue inconsciente
10. Le *moi* répond à ce principe — Terminaison
11. Marque le lieu — Instance morale de la personnalité
12. Opinions — Cheville au golf

VERTICALEMENT

1. Habite le *ça* — Souverain
2. Saint — Obtiennent — Père de la psychanalyse
3. Parasite — Prénom féminin
4. Pour ouvrir une serrure — Emportée rapidement
5. Oiseau échassier (pl.) — Instance de la personnalité
6. Se répandit en fondant — Point que l'on vise
7. Rejette — Sculptés finement
8. Principe auquel on se réfère — Ancienne note
9. Élimine — Supérieure d'un couvent
10. Notre-Seigneur — Fin
11. Relatif au sport
12. Négation — Instance de la personnalité — Groupe de trois personnes

---

10. Ces mots croisés ont été créés par André Bergeron, professeur de psychologie au Cégep de Saint-Jérôme. Nous lui exprimons toute notre gratitude et notre amitié.

5 | La personne comme projet

La conception sartrienne de l'être humain

> *Comprendre, c'est se changer, aller au devant de soi-même.*
>
> Jean-Paul Sartre, *Critique de la raison dialectique*, p. 22

Jean-Paul Sartre et l'*existentialisme*

Il n'existe pas un existentialisme, mais des philosophies existentialistes[1]. Cependant, elles ont une préoccupation commune : l'existence de l'être humain prise dans sa réalité et dans sa singularité concrètes. Les philosophies existentialistes interrogent directement l'existence humaine en vue de tirer au clair l'énigme que l'homme est pour lui-même. Elles sont, par définition, des philosophies qui cherchent à répondre aux questions que l'homme se pose sur sa propre existence. Puisqu'elles prennent comme point de départ la subjectivité de l'individu engagé dans l'expérience vécue, c'est l'être humain « dans le monde » qui les intéresse. En ce sens, elles s'opposent aux doctrines **idéalistes** qui ont tendance à définir l'être humain d'une manière abstraite et détachée de la vie.

En France, Jean-Paul Sartre fut le fondateur de l'existentialisme athée. Il peut être considéré comme le penseur le plus marquant de ce courant philosophique. Son originalité réside dans le fait qu'il a écrit de nombreux romans et pièces de théâtre[2] qui traduisaient, par la voie de la fiction, ses thèses philosophiques. Son œuvre littéraire a connu la consécration lorsque le prix Nobel de littérature lui fut octroyé en 1964. Il refusa ce prix

---

1. Les principaux représentants de l'existentialisme sont Kierkegaard (philosophe et théologien danois ; 1813-1855), Heidegger (philosophe allemand ; 1889-1976) et Sartre (philosophe et écrivain français ; (1905-1980).
2. Romans : *La Nausée, Les Chemins de la liberté, L'Âge de raison, Le Sursis, La Mort dans l'âme*, etc. Théâtre : *Les Mouches, Huis clos, Les Mains sales, Le Diable et le Bon Dieu*, etc.

prestigieux, parce que, selon lui, « l'écrivain ne doit pas se laisser institu-tionnaliser[3] ». Même s'il déclina cet honneur, c'est à sa production litté-raire que Sartre doit son immense popularité, car il faut bien admettre que ses œuvres proprement philosophiques[4] n'étaient guère accessibles à un large public.

Sartre a profondément marqué la deuxième moitié du XXe siècle. Aucun autre philosophe n'a été aussi présent, n'a exercé autant d'influen-ce, n'a été aussi déconcertant et controversé que Sartre. Jouissant d'une audience exceptionnelle, il s'est engagé dans les grands combats politi-ques de son époque. Ardent défenseur des droits de l'homme, il a signé de nombreux manifestes pour la défense des objecteurs de conscience, con-tre l'exécution de prisonniers politiques, contre l'action américaine au Viêt-nam. Anticolonialiste conséquent, il a dénoncé l'intervention fran-çaise et la torture en Algérie.

Dans le Paris de l'après-guerre, Sartre a formé avec sa compagne Simone de Beauvoir un couple avant-gardiste et critiqué. Ils ont tous les deux mené une vie active d'intellectuels engagés.

Son œuvre immense et variée reflète les inquiétudes et les interroga-tions de toute une époque. Plusieurs considèrent Sartre comme le dernier philosophe des temps modernes.

L'être humain en tant que projet

Le point de départ de la philosophie sartrienne est l'existence. D'après Sartre, il faut partir de la subjectivité si nous voulons comprendre ce que nous sommes. Toute son œuvre tente de répondre à la question : « Qu'est-ce que l'être humain ? » en prenant constamment en considéra-tion cette évidence première : *J(e)'existe.*

Selon l'existentialisme sartrien, l'être humain n'est pas définissable en soi, c'est-à-dire que nous ne pouvons pas lui donner une belle et savante définition qui délimiterait sa nature propre. Il n'y a pas une nature humaine qui se retrouverait chez tous les humains, mais plutôt des exis-tants particuliers et singuliers « en situation ». L'être humain est en situa-tion dans le sens où il s'inscrit dans des conditions d'existence concrètes ; il est visé par ce qui se passe dans l'instant. Mais cela veut dire aussi qu'il est lié par un ensemble de déterminismes héréditaires, économiques, sociaux et culturels, à partir desquels commence sa liberté[5] : celle où il a le choix entre accepter et transformer « sa situation ».

---

3. Louis Wiznitzer, « Sartre parle », *Magazine Maclean,* janvier 1967, p. 27.
4. *L'Imaginaire, L'Être et le Néant, Critique de la raison dialectique,* etc.
5. La liberté fait partie intégrante de la conception existentialiste sartrienne de l'être humain. Elle en constitue l'élément essentiel, le fondement. Cependant, pour des raisons techniques, la liberté sartrienne ne sera abordée que dans le septième chapitre de cet ouvrage.

Puisque l'existentialisme sartrien est de type athée, il affirme que « Si Dieu n'existe pas, il y a au moins un être chez qui l'existence précède l'**essence,** un être qui existe avant d'être défini par aucun concept et que cet être c'est l'homme[6]... ». Ce parti pris en faveur de l'existence fait en sorte que l' « homme existe d'abord, se rencontre, surgit dans le monde, et qu'il se définit après[7] ». Pour Sartre, l'être humain ne se conçoit qu'à partir de son existence, il « n'est rien d'autre que ce qu'il se fait[8] », il se définit par « l'ensemble de ses actes[9] ». À la question « Qui suis-je ? », tout existentialiste sartrien répondrait « Je suis ma vie, c'est-à-dire tout ce que j'ai fait jusqu'à présent, tous les actes que je pose maintenant et toutes les " entreprises " que je ferai dans l'avenir. » D'ailleurs, l'être humain est, selon Sartre, « ce qui se jette vers un avenir et qui est conscient de se projeter dans l'avenir. L'homme est d'abord un projet qui se vit subjectivement... L'homme sera d'abord ce qu'il aura projeté d'être[10] ».

Pour saisir toute la portée de cette conception de l'être humain, il faut bien comprendre la signification que Sartre accorde au mot « projet ». « Je suis un projet » ne veut pas dire « je veux être quelqu'un » ou « je veux faire quelque chose », au sens où je veux être un astronaute ou encore adhérer à tel parti politique sans jamais poser la moindre action qui me dirigerait ou me confirmerait dans cette voie. L'être humain est un projet dans le sens qu'il est ce qu'il a projeté d'être par ses actes. L'exemple du choix de carrière peut très bien illustrer ce que Sartre entend par l'être humain en tant que projet. L'auteur de ce manuel a choisi un jour de devenir un professeur de philosophie. Pour que ce projet se réalise, il a fallu qu'il pose, dans le passé, une série d'actes sans lesquels il ne serait jamais devenu un professeur de philosophie. Faire parvenir à l'université une demande d'inscription, assister aux cours, remettre les travaux prescrits, passer les examens, produire un mémoire afin d'obtenir avec succès le diplôme de maîtrise certifiant une compétence en philosophie. Et la liste ne s'arrête pas là. Par la suite, il a dû envoyer son curriculum vitæ dans différents collèges, se présenter à l'entrevue à laquelle l'un d'eux l'invitait, y offrir ses services et ses qualifications. Une fois engagé, il a dû préparer des cours, les donner, évaluer les notions enseignées aux étudiants. Et depuis 18 ans, il pose des actes pédagogiques qui le confirment en tant que professeur de cette discipline. Si, dans l'avenir, il désire encore être un professeur de philosophie, c'est-à-dire rester vivant et dynamique dans ce projet, il n'en tiendra qu'à lui de continuer à l'actualiser sans cesse. Cet exemple personnel nous introduit au problème de la responsabilité chez Sartre.

---

6. Jean-Paul Sartre, *L'existentialisme est un humanisme,* Paris, Nagel, 1968, p. 21.
7. *Ibid.,* p. 21.
8. *Ibid.,* p. 22.
9. *Ibid.,* p. 55.
10. *Ibid.,* p. 23.

L'être humain est pleinement responsable

Si vraiment l'être humain n'est que ce qu'il fait de lui-même, il s'ensuit logiquement qu'il détient l'entière responsabilité de ce qu'il est et de ce qu'il devient. Sartre l'affirme catégoriquement en écrivant que « la première démarche de l'existentialisme est de mettre tout homme en possession de ce qu'il est et de faire reposer sur lui la responsabilité totale de son existence[11] ».

Conséquemment, l'être humain ne peut invoquer aucune circonstance atténuante, comme il ne peut se réfugier derrière aucun déterminisme pour se justifier de n'avoir pas fait ceci ou cela, de n'être pas ceci ou cela. Tout le mérite ou toute la faute de ce qu'il est ne revient qu'à lui seul. Pour illustrer ce fait, Sartre nous donne l'exemple d'une personne qui fait preuve de lâcheté. Un lâche est responsable de sa lâcheté. Il ne peut attribuer les causes de sa lâcheté à l'hérédité, à l'action du milieu ou de la société sur lui. Il est comme cela parce qu'il « s'est construit lâche par ses actes... [Or]... il y a toujours une possibilité pour le lâche de ne plus être lâche[12]. » Un autre exemple peut mettre en lumière la responsabilité totale de l'être humain quant à ses choix existentiels : celui du voleur de banque. Si un individu commet un vol à main armée, il ne peut rejeter la faute sur une prédisposition génétique ou sur son éducation familiale ou sur son environnement social. Car c'est lui seul qui s'est présenté ce matin-là à telle banque, a braqué son arme en direction de la caissière, a demandé le contenu du tiroir-caisse. La faute lui revient totalement. Il en est entièrement responsable.

L'existence d'autrui

Rappelez-vous le *cogito* de Descartes (« Je pense, donc je suis ») qui permet à l'être humain de prouver son existence en obtenant la certitude qu'il est en train de penser... L'existentialisme sartrien donne au *cogito* une autre fonction : celle de permettre la découverte des autres comme la condition même de ma propre existence.

Le besoin des autres

En tant qu'objet au milieu du monde, nous sommes constamment soumis aux appréciations d'autrui. Or, en posant sur moi un regard qui me renvoie à moi-même, l'autre me permet de m'appréhender, de me jauger. Selon Sartre, nous avons besoin des autres pour prendre conscience de nous-mêmes dans la mesure où nous ne pouvons être rien (au sens où l'on dit qu'on est généreux, mesquin, jovial ou possessif), sauf si les autres le reconnaissent comme tel. En d'autres mots, je ne peux m'atteindre que par le regard d'un autre. Pour savoir qui je suis, j'ai besoin d'autrui ; il est

---

11. *Ibid.*, p. 24.
12. *Ibid.*, pp. 60 et 62.

celui par qui je gagne ma réalité. « Pour obtenir une vérité quelconque sur moi, écrit Sartre, il faut que je passe par l'autre. L'autre est indispensable à mon existence, aussi bien d'ailleurs qu'à la connaissance que j'ai de moi[13]. » L'autre me confère un caractère. Il est la « condition concrète et transcendante » de mon objectivité. Lorsque, pour me décrire, il utilise les qualités de « bon » ou « méchant », de « sympathique » ou « antipathique », etc., il veut m'atteindre et il m'atteint dans mon être. Même si je ne m'y reconnais pas, je sais pourtant que « c'est moi ». C'est comme si j'endossais aussitôt cette image de moi-même qu'autrui me présente, même si elle m'est étrangère. Ensuite, à la lumière de mes propres finalités, il m'appartiendra d'épouser cette image ou de la répudier. Mais, par le regard jeté sur moi, l'autre n'en demeure pas moins celui qui me confirme ou m'infirme à moi-même ; de toute façon, il est toujours celui qui m'inquiète, me trouble. Voilà pourquoi autrui peut m'apparaître comme une menace...

La haine des autres

Le regard qu'autrui porte sur moi me permet de me définir, mais en même temps il me « chosifie ». Dans l'une de ses pièces de théâtre les plus populaires, *Huis clos,* Sartre situe en enfer l'action de trois personnages imaginaires. Pour lui, l'enfer n'est pas un lieu de torture physique ; on n'y endure ni feu, ni gril. Dans *Huis clos,* l'enfer est représenté par un simple salon sans fenêtre, avec seulement trois fauteuils pour Garcin, Inès et Estelle condamnés à rester seuls ensemble pour toujours.

Le sommet de la souffrance pour l'être humain n'est pas dans la douleur physique ; il est dans le voisinage des autres. « Le bourreau, c'est chacun de nous pour les deux autres[14] », dit Inès. En effet, selon l'existentialisme sartrien, l'autre est bourreau de trois façons différentes. D'abord, les autres nous gênent, encombrent notre existence du seul fait d'être là, surtout quand c'est le hasard qui les y a mis et qu'aucune affinité ne nous lie à eux. Le milieu de travail peut fort bien illustrer cette problématique. Le boulot que nous faisons nous oblige à côtoyer quotidiennement des collègues. Qui sont-ils ? Des gens que nous n'avons pas choisis, qui ne nous ressemblent guère et avec lesquels il nous est parfois difficile de sympathiser. Mais ils sont là, nous agacent, nous irritent, nous énervent.

Deuxièmement, l'autre représente le bourreau dans la mesure où il est incapable de nous donner ce que nous aimerions recevoir de lui. Ce qui occasionne, bien sûr, de nombreux malentendus et de multiples déceptions. La pièce *Huis clos* met en lumière de belle façon cette seconde dimension du rapport à autrui. Garcin, le personnage masculin, est mort lâche. Il essaie tant bien que mal de se construire une image d'homme fort et assuré, d'abord pour lui-même mais aussi pour les yeux d'Estelle. Mais

---

13. *Ibid.,* p. 67.
14. Jean-Paul Sartre, *Huis clos,* Paris, Gallimard, coll. Le Livre de poche, 1967, p. 34.

à quoi bon tenter de paraître ce qu'il n'est pas, de séduire Estelle, puisqu'elle représente tout ce qu'il ne peut pas supporter chez une femme : un intérêt excessif porté à son apparence, un besoin constant d'être rassurée, une naïveté et une superficialité criantes. Estelle ne peut donc rien apporter à Garcin. Inès, quant à elle, est lesbienne. Elle fait preuve de dureté, ne ménage pas ses compagnons d'infortune, les oblige à se reconnaître tels qu'ils sont. Elle les immobilise dans leur fatalité. Cependant, elle a besoin des autres, d'Estelle en particulier ; mais elle ne peut rien attendre d'elle, puisque Estelle n'a d'yeux que pour Garcin...

Enfin, autrui nie ma liberté ou l'étouffe du simple fait d'être un autre que moi, un sujet qui me réduit à l'état d'objet en me jugeant d'une manière implacable, inexorable. Par les jugements qu'il porte sur moi, autrui m'assujettit, me rend esclave de valeurs qui me qualifient de l'extérieur, sans que je puisse agir sur cette qualification. Les trois personnages de *Huis clos* se jugent constamment les uns les autres. Ils connaissent l'angoisse infernale de devenir des personnes-choses par le regard de l'autre. Sous ce regard, ils ne peuvent plus fuir, figés qu'ils sont par l'œil qui les voit. « Ah ! Comme tu vas payer à présent, dit Inès. Tu es un lâche, Garcin, un lâche parce que je le veux. Je le veux, tu entends, je le veux[15] !... » L'enfer de *Huis clos,* c'est en image notre condition d'ici-bas où les autres nous condamnent à être ce qu'ils jugent que nous sommes.

Ainsi, lorsque quelqu'un, catégorique, me dit que je suis un salaud, un ingrat ou un jaloux, je deviens cela à ses yeux ; désormais, pour lui, je ne suis que cela. Il me pétrifie, me fixe à « tout jamais » dans le rôle de salaud, d'ingrat ou de jaloux.

Et c'est pourquoi Sartre, par la bouche de Garcin, s'écrie à la toute fin de *Huis clos* : « l'enfer, c'est les Autres[16] ». Cet enfer, soyons-en certains, peut nous conduire à la haine d'autrui. L'engagement avec et pour les autres permet d'éviter cet écueil.

L'acte individuel engage toute l'humanité

L'existence d'autrui commande l'obligation, selon Sartre, de considérer nos propres choix individuels comme se devant d'être valables pour tous les autres. « Quand nous disons que l'homme se choisit, nous entendons que chacun d'entre nous se choisit, mais par là nous voulons dire aussi qu'en se choisissant il choisit tous les hommes. En effet, il n'est pas un de nos actes qui, en créant l'homme que nous voulons être, ne crée en même temps une image de l'homme tel que nous estimons qu'il doit être[17]. » En d'autres mots, cela veut dire que l'être humain que je choisis d'être par mes actes, que cette image de moi-même que j'offre aux autres n'engage pas que moi-même, mais engage l'humanité entière. C'est en quelque

---

15. *Ibid.,* p. 73.
16. *Ibid.,* p. 75.
17. Jean-Paul Sartre, *L'existentialisme est un humanisme, op. cit.,* p. 25.

sorte un portrait de l'humain que je propose à mes semblables, portrait valable pour toute l'époque dans laquelle je vis.

Sartre apporte l'exemple du choix individuel de se marier et de fonder une famille. « Même si ce mariage, dit-il, dépend uniquement de ma situation, ou de ma passion, ou de mon désir, par là j'engage non seulement moi-même, mais l'humanité entière sur la voie de la monogamie[18]. » Par son existence même et les choix qu'il privilégie, l'être humain est engagé dans son monde et dans son époque. Il choisit d'être ceci ou cela. Il l'affirme pour lui-même ; mais, en même temps, il propose à tous la valeur de ce choix. Les actes individuels que l'être humain pose lui permettent de se définir à ses propres yeux, mais en même temps, ils se doivent d'être bons pour tous. Ainsi, nous sommes responsables pour nous-mêmes et pour tous, car chaque acte humain présente une idée de l'humanité. Cette responsabilité immense nous confronte à l'angoisse.

L'être humain est « angoisse »

« Nous sommes angoisse », écrit Sartre dans L'Être et le Néant[19]. L'angoisse naît lorsque nous prenons conscience qu'en choisissant d'agir de telle façon, nous portons le poids de l'humanité sur nos épaules. « Tout se passe comme si, pour tout homme, toute l'humanité avait les yeux fixés sur ce qu'il fait et se réglait sur ce qu'il fait. Et chaque homme doit se dire : suis-je bien celui qui a le droit d'agir de telle sorte que l'humanité se règle sur mes actes[20] ? »

Bien sûr, une telle question engendre une très grande responsabilité dans la conscience de la personne qui se la pose, d'où un sentiment d'inquiétude, d'angoisse. Mais qu'est-ce que l'angoisse sartrienne ?

Dans l'un de ses romans, La Nausée, Sartre fait dire à Roquentin : « Tout existant naît sans raison, se prolonge par faiblesse et meurt par rencontre[21]. » L'angoisse est justement ce sentiment d'être jeté dans une existence fortuite, donnée pour rien, d'être une situation de hasard. Puisque l'être humain ne peut trouver aucun secours dans un signe donné sur terre qui pourrait l'orienter, puisqu'il est sans appui, il éprouve l'angoisse du vide. Puisqu'il n'y a aucune morale générale qui puisse nous indiquer ce qu'il y a à faire, puisqu'« il n'y a pas de signe dans le monde[22] », l'angoisse est le lot de la réalité humaine. Ce n'est pas le monde extérieur qui constitue une menace et qui susciterait chez moi l'angoisse. Au contraire, l'angoisse correspond à l'incertitude que connaît la conscience devant son avenir qu'elle n'est pas encore, mais qu'elle est totalement libre de faire. En ce sens, l'angoisse est la conscience de ne pouvoir faire autrement que

---

18. *Ibid*, p. 27.
19. Jean-Paul Sartre, *L'Être et le Néant,* Paris, Gallimard, Bibliothèque des idées, 1968, p. 81.
20. Jean-Paul Sartre, *L'existentialisme est un humanisme, op. cit.,* p. 31.
21. Jean-Paul Sartre, *La Nausée,* Paris, Gallimard, 1970, p. 184.
22. Jean-Paul Sartre, *L'existentialisme est un humanisme, op. cit.,* p. 47.

d'être libre ; c'est la conscience qui s'angoisse elle-même d'avoir devant elle des possibles infinis ; c'est être « condamné à chaque instant à inventer l'homme[23] ».

L'être humain invente les valeurs

Les détracteurs de l'existentialisme sartrien accusent généralement Sartre de présenter une conception pessimiste de l'être humain. Puisque nous sentons le réel comme absurde, puisque nous ne sommes que des êtres gratuits dont rien ne justifie l'existence, cette philosophie nous conduirait à l'impasse. Telle n'est pas la façon dont nous interprétons le portrait de l'être humain que nous livre Sartre.

L'existentialisme sartrien ne condamne pas l'être humain au désespoir. Au contraire, il l'engage à sortir de l'angoisse inhérente à l'humain en donnant un sens à sa vie qui, au départ, n'en a pas. Il l'appelle à se construire lui-même dans l'action, à inventer les valeurs à partir desquelles il orientera ses actes. C'est par sa conscience que l'individu donne un sens à son existence. Bien sûr, il ne s'agit pas ici d'une conscience éthérée qui plane au-dessus des choses et des êtres, mais bien d'une conscience agissante qui s'actualise dans des situations concrètes permettant à l'être humain de rendre, à ses propres yeux, son existence signifiante.

---

23. *Ibid.*, p. 38.

ACTIVITÉ D'APPRENTISSAGE

Objectifs spécifiques

L'étudiant ou l'étudiante devra être capable de :
- démontrer sa compréhension d'un texte de Sartre[24] en répondant à des questions précises ;
- transposer, dans ses propres mots, le contenu partiel de ce texte philosophique ;
- évaluer, c'est-à-dire exprimer son accord ou son désaccord (et en donner les raisons) avec l'analyse sartrienne de l'amour selon les diverses interprétations envisageables.

Pourquoi l'amant veut-il être aimé ?

Si l'Amour était pur désir de possession physique, il pourrait être, en bien des cas, facilement satisfait. Le héros de Proust, par exemple, qui installe chez lui sa maîtresse, peut la voir et la posséder à toute heure du jour et a su la mettre dans une totale dépendance matérielle, devrait être tiré d'inquiétude. On sait pourtant qu'il est, au contraire, rongé de souci. C'est par sa conscience qu'Albertine échappe à Marcel, lors même qu'il est à côté d'elle et c'est pourquoi il ne connaît de répit que s'il la contemple pendant son sommeil. Il est donc certain que l'amour veut captiver la « conscience ». Mais pourquoi le veut-il ? Et comment ?

Cette notion de « propriété » par quoi on explique si souvent l'amour ne saurait être première, en effet. Pourquoi voudrais-je m'approprier autrui si ce n'était justement en tant qu'Autrui me fait être ? Mais cela implique justement un certain mode d'appropriation : c'est de la liberté de l'autre en tant que telle que nous voulons nous emparer. Et non par volonté de puissance : le tyran se moque de l'amour ; il se contente de la peur. S'il recherche l'amour de ses sujets, c'est par politique et s'il trouve un moyen plus économique de les asservir, il l'adopte aussitôt. Au contraire, celui qui veut être aimé ne désire pas l'asservissement de l'être aimé. Il ne tient pas à devenir l'objet d'une passion débordante et mécanique. Il ne veut pas posséder un automatisme, et si on veut l'humilier, il suffit de lui représenter la passion de l'aimé comme le résultat d'un déterminisme psychologique : l'amant se sentira dévalorisé dans son amour et dans son être. Si Tristan et Iseult sont affolés par un philtre, ils intéressent moins ; et il arrive qu'un asservissement total de l'être aimé tue l'amour de l'amant. Le but est dépassé : l'amant se retrouve seul si l'aimé s'est transformé en automate. Ainsi l'amant ne désire-t-il pas posséder l'aimé comme on possède une

---

24. Le texte qui suit étant passablement difficile, nous suggérons au professeur d'en faire la lecture en classe, d'apporter les références ainsi que les explicitations indispensables à une compréhension adéquate de la part des étudiants et des étudiantes.

chose ; il réclame un type spécial d'appropriation. Il veut posséder une liberté comme liberté.

Mais, d'autre part, il ne saurait se satisfaire de cette forme éminente de la liberté qu'est l'engagement libre et volontaire. Qui se contenterait d'un amour qui se donnerait comme pure fidélité à la foi jurée ? Qui donc accepterait de s'entendre dire : « Je vous aime parce que je me suis librement engagé à vous aimer et que je ne veux pas me dédire ; je vous aime par fidélité à moi-même » ? Ainsi l'amant demande le serment et s'irrite du serment. Il veut être aimé par une liberté et réclame que cette liberté comme liberté ne soit plus libre. Il veut à la fois que la liberté de l'Autre se détermine elle-même à devenir amour — et cela, non point seulement au commencement de l'aventure mais à chaque instant — et, à la fois, que cette liberté soit captivée par elle-même, qu'elle se retourne sur elle-même, comme dans la folie, comme dans le rêve, pour vouloir sa captivité. Et cette captivité doit être démission libre et enchaînée à la fois entre nos mains. Ce n'est pas le déterminisme passionnel que nous désirons chez autrui, dans l'amour, ni une liberté hors d'atteinte : mais c'est une liberté qui joue le déterminisme passionnel et qui se prend à son jeu. Et, pour lui-même, l'amant ne réclame pas d'être cause de cette modification radicale de la liberté, mais d'en être l'occasion unique et privilégiée. Il ne saurait en effet vouloir en être la cause sans plonger aussitôt l'aimé au milieu du monde comme un outil que l'on peut transcender. Ce n'est pas là l'essence de l'amour. Dans l'Amour, au contraire, l'amant veut être « tout au monde » pour l'aimé : cela signifie qu'il se range du côté du monde ; il est ce qui résume et symbolise le monde, il est un ceci qui enveloppe tous les autres « ceci », il est et accepte d'être objet. Mais, d'autre part, il veut être l'objet dans lequel la liberté d'autrui accepte de se perdre...

... Ce que l'amant exige de l'aimé : il ne veut pas agir sur la liberté de l'Autre mais exister a priori comme la limite objective de cette liberté, c'est-à-dire être donné d'un coup avec elle et dans son surgissement même comme la limite qu'elle doit accepter pour être libre. De ce fait même, ce qu'il exige est un engluement, un empâtement de la liberté d'autrui par elle-même...

Jean-Paul Sartre, *L'Être et le Néant,* Paris, Ed. Gallimard, N.R.F., 1943, pp. 434-435.

Questions

1. *a)* Qu'est-ce que l'on veut, selon Sartre, s'approprier dans l'amour ?
    b) Expliquez dans vos propres mots ce que cela veut dire ?

2. Selon Jean-Paul Sartre, que veut-on représenter pour l'être aimé lors-qu'on « est en amour » ?
    (N.B. : Sartre utilise quatre formulations différentes pour répondre à cette question... Nommez-en deux.)

3. Dans ce texte, Sartre dit que lorsque nous sommes en amour, nous aimons d'une certaine façon... (Référez-vous, entre autres, aux répon-ses que vous avez données aux deux questions précédentes.) Êtes-vous en accord ou en désaccord avec son interprétation de notre manière de vivre le rapport amoureux passionné ?
    (*Consigne:* Apportez au moins trois arguments pour ou contre. — N.B. : Minimum suggéré: une page.)

6 L'être humain comme personne

La personne selon la philosophie d'Emmanuel Mounier

> *La personne n'est pas un jardin clos où le civilisé s'abrite de la civilisation, mais le principe spirituel qui doit animer, en la réinventant à son niveau, toute civilisation.*
>
> Emmanuel Mounier, *Manifeste au service du personnalisme, Œuvres,* t. I, Paris, Seuil, 1961, p. 586

Emmanuel Mounier et le personnalisme

Le nom d'Emmanuel Mounier ne peut être séparé de la philosophie personnaliste et de la revue *Esprit* qui en assura le rayonnement pendant plus d'un quart de siècle. Mais avant d'aborder sa vision de l'être humain, voyons qui fut Emmanuel Mounier.

Il naît à Grenoble le 1er avril 1905. Son père est pharmacien salarié et, même s'il n'offre à sa famille que des conditions d'existence modestes, il rêve d'un fils médecin. À l'âge de 16 ans, Emmanuel est donc inscrit à la faculté des sciences. Il y connaît trois années de souffrance et de désespoir car la chimie, la physique et l'histoire naturelle ne réussissent guère à répondre aux questionnements profonds qui habitent son esprit. Il se réoriente en philosophie et suit avec un grand intérêt, de 1924 à 1927, les cours de Jacques Chevalier[1] à l'Université de Grenoble. Animé d'une foi chrétienne inébranlable, Mounier considère sa formation philosophique comme une base nécessaire à sa vocation **apostolique.** Le 29 octobre 1927,

---

1. Jacques Chevalier (1884-1962), auteur catholique, fut ministre de l'Éducation nationale française sous l'Occupation. À la Libération, il fut condamné à la prison. C'est dans le recueillement de cette réclusion forcée qu'il écrivit son *Histoire de la pensée,* une brique de quatre volumes totalisant 3 138 pages publiée chez Flammarion en 1955-1956.

il débarque à Paris pour poursuivre ses études de philosophie. En 1928, il passe brillamment l'agrégation. Au lieu de préparer une thèse de doctorat, il préfère rédiger un ouvrage sur *La Pensée de Charles Péguy*[2] qui est publié en 1931. Deux années d'enseignement et d'animation de groupes de discussion, puis c'est la fondation d'*Esprit* en août 1932. *Esprit* se veut une revue militante rassemblant des croyants et des incroyants qui soumettent à la critique les institutions politiques et sociales dans le but de proposer et de défendre une vision de la société dont la personne constituerait le fondement essentiel. Conséquemment, *Esprit* se définit comme « un foyer de recherches et de rassemblement » et non comme l'organe d'un mouvement ou d'un parti politique, ni comme le porte-parole de l'Église catholique romaine.

Mounier n'a que 28 ans et déjà sa pensée s'incarne dans l'action : son engagement se veut radical. Il participe aux grandes luttes de son temps[3], mais il refuse l'embrigadement de parti ou le jeu de la violence. La revue connaît, bien sûr, des difficultés financières, mais il y a plus : les dénonciations et les critiques contre le *désordre établi* qui y sont menées dérangent l'establishment catholique et politique. Sous le régime de Vichy[4], le 25 août, *Esprit* est frappé d'un interdit de publication. Et le 15 janvier 1942, Mounier est arrêté : on l'accuse d'être « le directeur spirituel de la Résistance ». Il est incarcéré à la prison Saint-Paul de Lyon du mois de juillet au mois d'octobre de la même année. Suivront huit années d'écriture et de publication[5], d'organisation et d'animation des groupes *Esprit* en France et à l'étranger. Le 22 mars 1950, durant son sommeil, Emmanuel Mounier meurt d'un arrêt du cœur. Il n'avait que 45 ans.

Emmanuel Mounier s'est nourri toute sa vie de l'Évangile ; son adhésion religieuse illumine donc nécessairement sa conception de l'homme. Cette fidélité à la foi chrétienne[6] n'en fait pas pour autant une philosophie rigoriste, dogmatique et désincarnée. Au contraire, c'est à une vision renouvelée de l'homme en société que Mounier nous convie. Le personnalisme de Mounier appelle à une double vocation : l'éveil à soi-même et

---

2. Ce livre fut écrit en collaboration avec Charles Izard et Marcel Péguy. Charles Péguy (1873-1914), écrivain catholique, mena à la fois une œuvre en prose, polémique, engagée, et une œuvre lyrique aux forts accents de spiritualité.

3. Notons que la guerre civile sévit en Espagne ; le nazisme s'est installé en Allemagne ; le fascisme règne en Italie ; le communisme totalitaire de Staline fait rage en U.R.S.S.

4. Nom qui fut donné au gouvernement français installé à Vichy du 10 juillet 1940 au 20 août 1944. Le maréchal Pétain en était le président et son gouvernement favorisa une politique de collaboration avec l'occupant allemand.

5. Les principaux ouvrages de Mounier sont : *L'Affrontement chrétien* (1944), *Liberté sous condition, Introduction aux existentialismes, Traité du caractère* (1946), *Qu'est-ce que le personnalisme ?* (1947), *L'Éveil de l'Afrique noire* (1948), *Le Personnalisme* (1949).

6. Le christianisme de Mounier en fut un de sincérité, de rayonnement, d'accueil et d'engagement. Mounier critiqua vertement le christianisme institué de son époque qui participait au *désordre établi* en se cachant derrière une sentimentalité pieuse ou dans une mystique refusant l'engagement et la dénonciation de l'injustice. L'œuvre de Mounier impose d'elle-même le respect même si nous ne partageons pas sa croyance.

le travail pour l'amélioration des conditions de la vie en société par la valorisation de la communion à autrui.

Pour fonder une civilisation nouvelle qui se situerait entre le capitalisme et le communisme, entre l'individualisme et le collectivisme, entre l'idéalisme et le matérialisme, il faut, selon Mounier, redécouvrir une réalité oubliée : la personne[7].

L'éveil à soi-même

Dans le contexte de l'effondrement d'une civilisation fondée sur l'argent et l'individualisme[8], Mounier affirme le primat de la personne et des valeurs spirituelles. Il met sa foi dans la dignité humaine[9] et dans un désir d'authenticité véritable. Afin d'accéder à notre intériorité qui, seule, permet l'autonomie, le dépassement de soi et la rencontre d'autrui, Mounier identifie trois dimensions fondamentales de la personne : la vocation, l'incarnation, la communion. Pour trouver notre vocation, nous devrons méditer et nous recueillir ; pour actualiser notre incarnation dans le monde, nous devrons nous engager ; pour nous initier *à la vie en autrui,* nous devrons apprendre le dépouillement et le don de soi. Or, si nous négligeons l'un de ces *exercices essentiels de la formation de la personne,* nous ne nous réaliserons pas en tant que personne, affirme Mounier. Mais qu'entend-il au juste par personne ?

> Une personne est un être spirituel constitué comme tel par une manière de subsistance et d'indépendance de son être ; elle entretient cette subsistance par son adhésion à une hiérarchie de valeurs librement adoptées, assimilées et vécues par un engagement responsable et une constante conversion ; elle unifie ainsi toute son activité dans la liberté et développe par surcroît à coups d'actes créateurs, la singularité de sa vocation[10] .

Ce que nous sommes comme personne correspond donc à notre être profond qui défend des valeurs qui lui sont propres et qui s'engage en posant des actes novateurs dans lesquels nous nous reconnaissons. Bref, il s'agit de découvrir sa *vocation,* c'est-à-dire le *principe spirituel de vie* qui nous singularise comme personne et qui fait de nous un être irréductible

---

7. Mounier n'a pas rejeté en bloc les philosophies de l'homme en vigueur à son époque. Il se fit un devoir d'en montrer les insuffisances tout en mettant en lumière les éléments positifs et l'expérience authentique qu'elles renfermaient.
8. Rappelons qu'en 1929, le monde occidental connaît le krach de Wall Street.
9. Mounier n'a pas inventé cette notion de la dignité de la personne. Elle est issue d'une longue tradition chrétienne et le philosophe Kant (1724-1804) l'avait déjà reprise dans sa doctrine morale en stipulant que l'on ne doit jamais considérer l'homme comme un moyen mais comme une fin en soi.
10. Emmanuel Mounier, *Manifeste au service du personnalisme, Œuvres,* t. I, Paris, Seuil, 1961, p. 523.

appelé à faire œuvre de témoignage dans le monde. Mounier donne le nom de *secret* à cette dimension irréductible de la personne. C'est notre *mystère personnel* qui nous rend sujet différent de tous les autres sujets. La personne est un être irréductible dans la mesure où elle constitue une synthèse unique qui a su et qui sait intérioriser et intégrer d'une façon singulière et originale tout ce qui l'entoure. Cette œuvre de personnalisation (*l'élan de personnalisation*) permet de nous faire en tant qu'unité cohérente qui ne peut être entamée d'aucune de ses dimensions sans que le tout en soit altéré.

Une spiritualité personnelle engagée

Face à l'agonie de la société bourgeoise qui produit un homme matérialiste, englué dans les objets, utilisant les autres comme des moyens, Mounier propose la restauration de l'homme possédant une dimension intérieure capable de spiritualité et de rencontres. C'est une véritable révolution spirituelle[11] que Mounier nous invite à faire. D'après lui, tout commence par un travail personnel de l'homme sur lui-même afin de découvrir sa vie intérieure profonde et d'accéder au sens du *dessous des choses* avec son être entier : corps et esprit. En effet, la vie de l'esprit ne doit, sous aucun prétexte, être coupée de la vie du corps. Car l'être humain

> pense avec son corps, avec ses mains, avec son pays, avec son temps, bien que tout l'effort de sa pensée soit de pénétrer d'éternité, sans jamais pouvoir l'abandonner, sa situation concrète. Il ne pense pas à partir d'idées détachées, de signes isolés, mais d'expériences pénétrantes, portant la charge de toute sa vie personnelle, et élargissant de l'une à l'autre les horizons d'universalité dont la vie de l'esprit, ensuite, purifiera la ligne[12].

Ce n'est donc pas à une mystique de la vie intérieure hors du corps et du monde que Mounier nous convie puisqu'il fait la jonction entre le spirituel et le charnel, entre la pensée et l'action. « L'homme, écrit-il, est corps au même titre qu'il est esprit, tout entier " corps " et tout entier " esprit "[13]. » Séparer ou opposer arbitrairement ces deux dimensions de l'être humain provient d'un **cartésianisme** équivoque et constitue une aberration prononcée contre la personne. Aberration que s'est permise le **spiritualisme** en survalorisant l'esprit par l'oubli ou la condamnation du corps ; aberra-

---

11. Une révolution économique qui ne serait pas orientée spirituellement (c'est-à-dire qui ne serait pas en même temps révolution intérieure de l'esprit) générerait, selon Mounier, des valeurs exclusives de puissance et de confort.
12. Emmanuel Mounier, *Feu la chrétienté. Œuvres*, t. III, Paris, Seuil, 1962, p. 592.
13. Emmanuel Mounier, *Le Personnalisme*, Paris, Presses universitaires de France, coll. Que sais-je ? 1985, p. 15.

tion qu'a connue aussi le matérialisme en voulant expliquer toute la réalité à partir de la matière et en affirmant, comme nous l'avons vu avec Marx, la primauté des structures économiques et sociales sur l'individu. Ces deux interprétations de l'homme correspondent, selon Mounier, à un même réductionnisme de la personne. C'est pourquoi il préconise une forte spiritualité qui se situe au cœur de la vie. Il appelle la personne à un *engagement spirituel* qui adhère avec sincérité à des valeurs d'amour, de bonté et de charité. Qui plus est, cet engagement doit s'affirmer et s'insérer, d'une manière concrète, pleine et responsable, dans la réalité. Soyons clair. La personne, selon Mounier, est avant tout une réalité spirituelle qui se caractérise par une vie dynamique de l'esprit en recherche de vérités ; - mais elle doit aussi se faire chair et il importe qu'elle se dévoile dans le monde. Ainsi, au lieu de s'enfermer dans un monastère pour se consacrer à la vie contemplative, le prêtre-ouvrier se manifeste dans le monde. Son engagement moral s'actualise soit à l'usine, soit dans des milieux défavorisés : jeunes délinquants, drogués, prostituées. C'est *vers autrui* et même *en autrui* qu'il veut témoigner de sa spiritualité. C'est par l'exemple qu'il désire communiquer aux autres sa foi en la personne.

La communication étant l'expérience de la personne, une philosophie personnaliste combattra, avec la plus grande vigueur, le bonheur individuel bourgeois pour qu'enfin, après être venus à bout de l'individualisme, nous puissions déboucher sur la communion à l'Autre.

La communion à autrui

Bien qu'unique, la personne ne constitue pas un « monde suffisant, isolé sur son propre jaillissement[14] ». Au contraire, elle doit sortir d'elle-même pour s'ouvrir aux autres ; elle doit s'incarner et s'engager dans l'expérience de la communauté. En effet, l'identification des caractéristiques essentielles de l'univers personnel ne serait que vaine spéculation si l'on n'y incluait pas l'engagement dans l'action qui vise à communier à autrui dans le milieu social. La personne n'est pas un concept abstrait et désincarné. Elle est toujours présentée par Mounier comme se devant d'agir sur et dans le monde, comme se devant d'être présente à son époque. La personne se veut *incorporée,* c'est-à-dire qu'elle veut avoir des attaches vitales à la nature et être ouverte à la communauté. Or, cette démarche appelle nécessairement le don de soi qui, évidemment, s'oppose à l'individualisme imperméable à l'Autre.

L'individualisme n'offre, selon Mounier, qu'une caricature de la personne. Il correspond à « un système de mœurs, d'idées » qui inscrit l'individu dans « des attitudes d'isolement et de défense[15] ». L'individualisme est une philosophie et une pratique du quant-à-soi, de l'avarice et de la

---

14. *Ibid.,* p. 79.
15. *Ibid.,* p. 32.

solitude. En ce sens, il peut être associé à l'*esprit bourgeois* qui privilégie les valeurs de propriété, de confort, de sécurité et de considération. Quant aux valeurs de l'*esprit petit-bourgeois* qui semblent caractériser de plus en plus les enfants du *baby boom,* elles

> sont celles du riche, rabougries par l'indigence et par l'envie. Rongé jusque dans sa vie privée par le souci d'avancement comme le bourgeois est rongé par le souci de la considération, il n'a qu'une pensée : arriver. Et pour arriver un moyen qu'il érige en valeur suprême : l'économie, non pas l'économie du pauvre, faible garantie contre un monde où tout malheur est pour lui, mais l'économie avare, précautionneuse, d'une sécurité qui avance pas à pas, l'économie prise sur la joie, sur la générosité, sur la fantaisie, sur la bonté, la véritable avarice de sa vie maussade et vide[16].

D'ailleurs, l'individualisme donne naissance à « un homme abstrait, sans attaches ni communauté naturelle » qui se disperse dans les choses et qui entre dans un rapport à autrui où la méfiance, le calcul et la revendication prédominent. Cette idéologie individualiste génère aussi des institutions qui protègent et assurent la survie des égoïsmes individuels et qui ne permettent l'association aux autres qu'en vue du meilleur rendement et profit possible. Et ces institutions constituent la base de la société qui n'est que la somme des individus qui en font partie, des individus repliés sur eux-mêmes, verrouillés derrière leur égoïsme, consolidés dans leur suffisance.

Le personnalisme cherche, au contraire, à établir l'individu « dans les perspectives ouvertes de la personne[17] ». Puisqu'elle est « maîtrise, choix, formation, conquête de soi[18] », la personne s'oppose à l'individu ; elle ne peut d'aucune façon se réduire à l'être individuel. Bien plus,

> la personne ne croît qu'en se purifiant incessamment de l'individu qui est en elle. Elle n'y parvient pas à force d'attention sur soi, mais au contraire, en se faisant *disponible,* et par là plus transparente à elle-même et à autrui. Tout se passe comme si n'étant plus « occupée de soi », « pleine de soi », elle devenait, et alors seulement, capable d'autrui[19]...

D'après Mounier, les autres personnes ne nous limitent pas puisqu'elles nous font être et croître, mais encore faut-il les rencontrer. Ainsi, pour trouver *le chemin vers autrui,* il importe d'adopter certaines attitudes,

---

16. Emmanuel Mounier, *Manifeste au service du personnalisme, Œuvres, op. cit.,* p. 494.
17. Emmanuel Mounier, *Le Personnalisme, op. cit.,* p. 32.
18. Emmanuel Mounier, *Révolution personnaliste et communautaire, Œuvres,* t. I, Paris, Seuil, 1961, p. 177.
19. Emmanuel Mounier, *Le Personnalisme, op. cit.,* p. 32.

de suivre certaines règles de conduite qui nous permettront d'être présent, ouvert et engagé à l'Autre :

1. D'abord, il faut apprendre *à sortir de soi* pour devenir disponible à autrui. En effet, le détachement, la dépossession, le décentrage de soi sont nécessaires et essentiels si l'on veut contrer l'égocentrisme, le narcissisme et l'individualisme qui enferment le moi à l'intérieur de lui-même, le rendant incapable d'autrui.

2. *Comprendre autrui* en abandonnant notre propre point de vue pour nous situer au point de vue de l'Autre. Cette deuxième attitude ne signifie pas qu'il faille se dissoudre en autrui en cessant d'être soi-même ou en abandonnant toujours et définitivement sa propre façon de penser et de faire. Non, il s'agit simplement d'embrasser la singularité de l'autre (ce qui fait qu'il est lui et non un autre) dans un *acte d'accueil* afin d'accéder à une réelle compréhension de sa personne.

3. *Prendre sur soi, assumer le destin, la peine, la joie, la tâche d'autrui.* En d'autres termes, il faut avoir le souci d'autrui jusqu'au point de participer à ses peines et à ses joies, en les vivant comme si elles étaient les nôtres parce que l'Autre nous importe, parce que nous l'aimons. Au lieu de regarder l'Autre de l'extérieur comme nous avons si souvent tendance à le faire, il est question ici de le percevoir de l'intérieur. Il s'agit, en quelque sorte, d'éprouver à l'intérieur de soi ce que l'Autre ressent, de se « mettre dans sa peau » comme on dit. Aujourd'hui, le terme d'« empathie » est généralement utilisé pour décrire cette expérience unique de communion à autrui.

4. *Donner.* La personne authentique ne se trouve elle-même qu'en se donnant, c'est-à-dire en sacrifiant son intérêt individuel à celui des autres par pure générosité, dans un élan d'entière gratuité, sans espoir de retour.

Le bénévolat en milieu hospitalier illustre de façon convaincante ces quatre premières attitudes permettant la rencontre d'autrui (le décentrage de soi, l'accueil, l'empathie et le don de soi). Prenons plus particulièrement ceux et celles qui se dévouent, d'une manière purement altruiste, auprès des patients atteints de cancer. Afin d'alléger la souffrance et la solitude de ces malades en phase terminale, les bénévoles les accompagnent, en règle générale, pendant le dernier mois qui les sépare de la mort. La relation d'aide dans laquelle ces bénévoles s'inscrivent est fondée essentiellement sur l'écoute et la compassion. Le bénévole rencontre le malade dans le but de lui permettre de se raconter à quelqu'un qui lui témoigne de l'intérêt, de l'attention et de la tendresse. C'est une main caressante, un visage ouvert, un regard qui comprend et partage la souffrance, que le bénévole offre au mourant. Et s'il fait ainsi le don de sa personne et de son temps, c'est uniquement parce qu'il aime son prochain et la vie qu'il porte en lui.

5. *Être fidèle*. La fidélité, selon Mounier, est aussi une disposition à atteindre si nous voulons véritablement rencontrer l'Autre. Pour trouver son apogée, la relation d'amour ou d'amitié doit nécessairement impliquer une continuité. Cela ne veut pas dire que l'on doive s'insérer dans une relation à l'Autre enfermée dans la répétition, la monotonie et l'habitude, ou encore que l'on se promette fidélité par principe ou parce qu'on s'y sent obligé. Au contraire, le rapport amoureux ou amical véritable se fonde sur une fidélité créatrice qui se choisit librement et se construit au jour le jour parce qu'elle génère un amour ou une amitié qui comble.

Un tel projet de communion à autrui devrait entraîner nécessairement la constitution de la seule société valable : celle qui promeut dans l'union les diversités uniques et vivantes que sont les personnes ; celle qui permet à la fois la révolution des cœurs et la transformation des institutions.

La société communautaire

Afin de sortir de l'isolement de l'individualisme (*le monde du moi*) et de l'anonymat du collectivisme (*le monde de l'on*), l'expérience de la communauté devient essentielle. L'appel de la communauté se fait dans le *nous,* un nous qui, cependant, doit laisser une place au *je,* au risque de le voir se dissoudre dans l'exaltation et l'ivresse collectives. Ainsi devons-nous nous méfier de la mentalité de parti qui enrégimente, hypnotise, rend conforme aux « camarades[20] ». À l'encontre d'un tel *monde du nous autres,* l'union à autrui devra idéalement s'actualiser, selon Mounier, dans une société pluraliste qui regroupera des communautés (par exemple les couples, les familles, les métiers, les syndicats, etc.) autonomes et responsables. Cette société communautaire réhabilitera la vie privée en la distinguant nettement de la vie publique ; elle protégera de l'individualisme et du **totalitarisme** en affirmant en théorie et en pratique la primauté de la personne. En effet, la communauté véritable ne naît pas de « l'effacement des personnes, mais de leur accomplissement » ; il est impossible « d'asseoir la communauté sur autre chose que sur des personnes solidement constituées [21]». Et ces personnes fortes et solidaires se rassembleront en une vraie communauté lorsque chacune d'entre elles découvrira l'autre comme une *personne* et la traitera comme telle. Ainsi sera formée une communauté dont la solidité et les liens seront si profonds qu'elle s'opposera au monde d'aujourd'hui, monde « sans visage, fait d'hommes sans visage... où il n'y a plus de prochain, où il ne reste plus que des semblables, et qui ne se regardent pas[22] ». Bref, cette société communautaire consti-

---

20. Terme utilisé par les communistes pour dénommer, dans un esprit de fraternité et d'égalité, l'autre ou son prochain.
21. Emmanuel Mounier, *Révolution personnaliste et communautaire, op. cit.*, pp. 190-191.
22. Emmanuel Mounier, *Manifeste au service du personnalisme, op. cit., pp. 536-537.*

tuera un monde humain, vraiment humain, où il sera permis à l'individu de se singulariser comme personne et de se différencier des autres non en s'isolant de ceux-ci, mais en s'intéressant à leur présence réelle et en les reconnaissant en tant que personnes.

La communauté personnaliste convie à un type ultime de présence et de reconnaissance : celui du « rapport de la personne créée au Toi absolu, Dieu, [qui] se nomme transcendance[23] ».

La personne et la transcendance[24]

« Y a-t-il une réalité au-delà des personnes ? » La réponse que Mounier apporte à cette question est claire et sans équivoque : « Dans la perspective que nous soutenons, dit-il, le mouvement qui fait la personne ne se referme pas sur elle ; mais il indique une transcendance qui habite parmi nous[25]... » La personne, selon Mounier, correspond à une entité dynamique qui peut voir à son propre développement et jaillissement, mais elle ne se suffit pas à elle-même. Elle n'est pas, comme chez Sartre, un absolu se suffisant à lui-même. Il y a nécessité pour la personne de se dépasser dans plus grand qu'elle-même. Elle doit transcender ses dimensions exclusivement humaines afin d'atteindre l'expérience du divin. Elle doit s'ouvrir, communier, se dépasser dans la quête de valeurs universelles qui, elles mêmes, doivent converger vers l'Absolu. « La personne n'est pas l'être, elle est mouvement d'être vers l'être, et elle n'est consistante qu'en l'être qu'elle vise[26] ». Pour saisir la signification de cet énoncé apparemment complexe, il suffit de se poser la question suivante : « Quel est cet être que vise la personne ? » (ou comme le formule Mounier : « Quel est le terme du mouvement de transcendance[27] ? ») Pour le personnalisme chrétien, que défend Mounier, cet être porte le nom de *Personne suprême*. En d'autres mots, la personne doit s'orienter et se dépasser en s'élevant vers Dieu. Or, ce rapport de foi, que la personne entretient avec un *Dieu transcendant*, doit se construire librement en faisant coïncider intimité avec communauté de croyance, deux perspectives essentielles à toute démarche religieuse authentique.

Conclusion

Dans le contexte d'une crise de civilisation, Emmanuel Mounier s'est révolté contre la *dépersonnalisation massive* de l'homme dépourvu de spiritualité et incapable de communion altruiste ; il s'est insurgé contre l'in-

---

23. Emmanuel Mounier, *Révolution personnaliste et communautaire, op. cit.*, p. 193.
24. Le concept de « transcendance » est utilisé par Mounier non dans le sens d'une « réalité séparée et plafonnant au-dessus » d'une autre réalité, mais dans le sens d'une « réalité supérieure en qualité d'être ». (Emmanuel Mounier, *Le Personnalisme, op. cit.*, p. 77.)
25. *Id.*
26. *Ibid.*, p. 79.
27. *Ibid.*, p. 80.

dividualisme bourgeois qui s'embourbe dans les choses en oubliant les êtres ; il a proposé une vision de l'homme et de ses rapports avec les autres, vision susceptible d'éclairer tout individu croyant ou non croyant qui veut se mettre à l'écoute d'une philosophie affirmant la valeur absolue de la personne.

En proposant la création d'un homme nouveau et d'une civilisation nouvelle qui se porteraient à la défense de la personne, le personnalisme d'Emmanuel Mounier a représenté, au XXᵉ siècle, une des principales réactions contre l'individualisme libéral (le capitalisme occidental)[28], le fascisme (le nazisme allemand, le fascisme italien et espagnol)[29], le collectivisme marxiste (le communisme soviétique)[30] et l'existentialisme athée[31]. En ce sens, l'œuvre de Mounier s'identifie à une époque précise, mais elle n'en demeure pas moins un vivant et utopique[32] appel à la découverte de notre univers personnel, à la justice, à la communion fraternelle dans une *civilisation dévouée à la personne*.

---

28. « L'économie capitaliste tend à s'organiser tout entière en dehors de la personne sur une fin quantitative, impersonnelle et exclusive : le profit. » (Emmanuel Mounier, *Manifeste au service du personnalisme, op. cit.,* p. 587.)

29. « L'État [fasciste] réclame la maîtrise absolue de la vie privée, de l'économie, de la vie spirituelle, pour lui et par l'intermédiaire de son organe actif, le Parti, dans la main de son Chef : ainsi la dictature collective se résout en dictature personnelle par la dictature d'une minorité agissante aidée d'une police. » (Emmanuel Mounier, *Manifeste au service du personnalisme, op. cit.,* p. 505.)

30. « La lacune essentielle du marxisme est d'avoir méconnu la réalité intime de l'homme, celle de la vie personnelle. [...] L'optimisme que le marxisme professe, contrairement au fascisme, sur l'avenir de l'homme, est un optimisme de l'homme collectif recouvrant un pessimisme radical de la personne. Toute la doctrine de l'aliénation présuppose que l'individu est incapable de se transformer lui-même, d'échapper à ses propres mystifications... » (Emmanuel Mounier, *Manifeste au service du personnalisme, op. cit.,* p. 519.)

31. « Si l'existentialisme n'avait pour signification que de rappeler le sens tragique de l'homme et de son destin, contre l'optimisme léger de l'expansion libérale, nous ne pourrions que nous sentir accordés avec lui. Mais le discrédit qu'il jette sur tout ce qui n'est pas une liberté pure et comme gratuite au moins à son jaillissement, tend à dévaluer toute existence consolidée, celle du monde, celle de l'histoire, celle des sociétés organisées, celle même des fidélités personnelles. » (Emmanuel Mounier, *Qu'est-ce que le personnalisme ? Œuvres,* t. III, Paris, Seuil, 1962, p. 237.)

32. L'appel lancé par Mounier nous apparaît utopique dans le sens que sa conception de l'homme et son projet de société communautaire s'appuient sur des visées quelque peu idéales et difficilement réalisables dans la vie réelle.

ACTIVITÉ D'APPRENTISSAGE

Objectifs spécifiques

L'étudiant ou l'étudiante devra être capable de :
- démontrer une habileté analytique en identifiant les positions ou jugements qui correspondent à une conception personnaliste de l'être humain ;
- évaluer une situation problématique à la lumière de la conception personnaliste de l'être humain.

Questions

1. Parmi les énoncés suivants, identifiez ceux qui révèlent une tendance personnaliste :

   a) Pierre voulait réussir. Il a pris les moyens qu'il fallait. De toute façon, le but qu'on poursuit justifie toujours les moyens qu'on utilise !

   b) Ce qui importe, c'est l'ensemble des individus qui constituent la société. L'État doit donc voir à ce que chacun occupe la place qui lui convient. Alors chacun pourra contribuer efficacement au bien commun.

   c) C'est par un travail assidu sur lui-même que l'être humain peut réussir à s'élever à la dignité de personne.

   d) La personne se suffit à elle-même. Il n'y a rien d'autre que la personne qui importe. Au-delà d'elle, c'est le néant !

   e) Marie a besoin d'aide pour mener une vie décente. Joseph est son ami. Il doit donc aider Marie dans la mesure de ses moyens.

   f) J'accorde à Jean le droit d'être homosexuel, je respecte son orientation sexuelle.

   g) Ce que je valorise, c'est la découverte d'autrui. J'ai de nombreux amis que je renouvelle sans cesse.

   h) La pornographie sous toutes ses formes est condamnable parce qu'elle dégrade les femmes en faisant d'elles des objets de désir et de plaisir.

   i) C'est la personne individuelle qui compte ! En conséquence, il faut d'abord penser à soi et à ses propres intérêts si l'on veut ensuite pouvoir s'ouvrir aux autres.

   j) Je dois être solidaire des autres étudiants et participer aux diverses manifestations si cela peut permettre la réduction de leurs difficultés financières, même si moi je n'en éprouve aucune.

2. Vous êtes médecin et vous adhérez à la conception personnaliste de l'être humain. Une nuit où vous êtes de garde à l'Urgence du Centre

hospitalier Bon Secours, un enfant de quatre ans, accompagné de ses parents, vous est amené. Il est gravement accidenté et vous devez procéder sans délai à une transfusion sanguine pour lui sauver la vie. Or, les parents, qui sont Témoins de Jéhovah, s'y opposent catégoriquement... Que direz-vous aux parents de cet enfant et que ferez-vous concrètement ?

Consignes:

1. Puisque vous avez à vous identifier à un médecin personnaliste, écrivez votre texte au je.
2. Apportez au moins deux arguments pour appuyer votre plaidoyer et votre action.
3. Minimum suggéré: une page.

7 | La personne comme être de liberté

Beauvoir et Sartre

> *Vouloir l'existence, vouloir dévoiler le monde, vouloir les hommes libres, c'est une seule volonté.*

Simone de Beauvoir, *Pour une morale de l'ambiguïté,* Paris, Gallimard, coll. Idées, 1968, p. 125

> *Je suis condamné à être libre. Cela signifie qu'on ne saurait trouver à ma liberté d'autres limites qu'elle-même ou, si l'on préfère, que nous ne sommes pas libres de cesser d'être libres.*

Jean-Paul Sartre, *L'Être et le Néant,* Paris, Gallimard, Bibliothèque des Idées, 1968, p. 515

La problématique de la liberté

Depuis des millénaires, l'être humain chante, se bat, meurt pour la liberté. Aussi, la problématique de la liberté suscita, à travers l'histoire de la philosophie, un vif intérêt et une attention soutenue. Afin de mieux comprendre ce qu'est l'être humain, la majorité des grands penseurs se sont penchés sur cette épineuse question : l'homme est-il libre ou non ? À cette question controversée, des réponses variées furent apportées, et ceux et celles qui crurent en la liberté humaine proposèrent une multitude de définitions.

Notre but n'est pas ici de faire une présentation même limitée de ces définitions, mais tout simplement de mettre côte à côte deux conceptions différentes de la liberté. Et puisque nous devons — pour compléter le tableau que nous avons brossé de l'être humain sartrien — présenter sa conception de la liberté, pourquoi ne pas d'abord exposer celle de sa compagne Simone de Beauvoir ?

Simone de Beauvoir : la compagne de Sartre ?

Considérer Simone de Beauvoir simplement comme la compagne de Jean-Paul Sartre serait faire injure à sa mémoire. Complice de la philosophie existentialiste sartrienne, Simone de Beauvoir n'en demeure pas moins une auteure créatrice et originale dont l'entreprise principale fut de communiquer, d'une manière rigoureuse, lucide et sans compromis, sa propre expérience à ses semblables. Passons brièvement en revue les moments significatifs de son existence.

Simone de Beauvoir naît en 1908 à Paris dans une famille bourgeoise et catholique qui lui prodigue sécurité et amour. Elle a une enfance heureuse et comblée. Mais à l'adolescence, elle rejette le conformisme social, l'existence « grise et plate », les traditions, les idées reçues, la « bêtise » de ce milieu conventionnel. Alors, d'une manière irrévocable, se dessine sa vocation : elle veut être et sera une intellectuelle. Préparant son agrégation de philosophie, elle rencontre et fréquente Sartre. Elle est d'abord séduite par la vivacité d'esprit et l'humour de ce dernier. À son sujet, elle écrira : « Je savais que plus jamais il ne sortirait de ma vie ». À 21 ans, elle est reçue deuxième au concours d'agrégation de philosophie, Sartre premier. Elle entreprend une brève carrière professorale à Marseille (1931-1932), puis à Rouen (1933-1937). Ensuite, elle est nommée à Paris où elle enseigne au lycée Molière. En 1943, elle publie son premier roman : *L'Invitée*. Elle participe, en 1945, à la fondation de la revue de littérature engagée *Les Temps modernes,* et en assumera progressivement la direction avec Sartre. Avec la parution en 1949 du *Deuxième Sexe,* Simone de Beauvoir devient la théoricienne et la référence incontestée du mouvement féministe. Analysant de manière décapante la dépendance féminine, elle s'attaque à l'inégalité et à l'oppression qui aliènent l'autonomie des femmes. « On ne naît pas femme, on le devient » reste une phrase que l'on répète encore aujourd'hui. En 1954, le prix Goncourt lui est attribué pour son roman *Les Mandarins*. Jusqu'en 1956, elle appuie la cause communiste. Elle soutient avec vigueur la lutte pour l'indépendance de l'Algérie. Après 68, elle est proche des mouvements de la gauche française. Enfin, à partir de 73, elle cautionne de sa présence active ou de son nom, la lutte de libération des femmes. Simone de Beauvoir meurt à Paris le 14 avril 1986 à l'âge de 78 ans.

Parce qu'elle fut romancière, essayiste, philosophe[1], militante politique et féministe, Simone de Beauvoir a joui d'une grande audience. On peut la considérer comme l'une des plus prestigieuses figures du monde intellectuel français de la deuxième moitié du XXe siècle. La conquête et l'usage de la liberté constituèrent le pivot autour duquel s'organisèrent son œuvre et sa vie.

---

1. Simone de Beauvoir publia une vingtaine de romans et d'essais.

La conception beauvoirienne de la liberté

Qu'est-ce que la liberté ?

D'après Simone de Beauvoir — et, en cela, elle rejoint la conception marxienne de la liberté[2] —, la liberté se pose en des termes de libération, de révolte, d'émancipation, de rupture des chaînes qui asservissent. La liberté ne correspond pas à un pouvoir abstrait appartenant à la nature humaine, mais elle est un pouvoir concret que les hommes possèdent à un moment précis de leur existence. S'ils n'ont pas en main ce pouvoir, ils ne peuvent s'émanciper des conditions concrètes par lesquelles ils sont déterminés en faisant simplement appel à l'idée de liberté. Leur libération effective adviendra uniquement s'il y a suppression des causes qui sont à l'origine des déterminismes oppressants. C'est donc dire que la liberté, selon Simone de Beauvoir, ne se réalise effectivement que lorsqu'on s'engage dans le monde. Elle ne s'incarne que dans des conduites définies qui me prouvent à moi-même que je suis, de fait, bel et bien libre. Donc, ce qui importe avant tout, c'est l'accomplissement concret de ma liberté et non la liberté en soi. La liberté s'opère en actes : c'est seulement lorsque j'ai la possibilité de poser des actes libres que je peux effectivement me considérer comme libre. L'acte posé accomplit ma liberté et la traduit dans les faits. « Être libre, écrit Simone de Beauvoir, ce n'est pas avoir le pouvoir de faire n'importe quoi[3] » ; c'est avoir devant soi un avenir ouvert ; c'est être maître de son destin.

À l'opposé de Marx, Simone de Beauvoir rejette le déterminisme historique et la nécessité du recours à une mobilisation collective pour accéder à la liberté. Elle ne croit pas que la libération émane nécessairement d'un processus historique, elle croit plutôt qu'elle correspond à un impératif moral. L'oppression génère une situation qui appelle son dépassement, mais pour ce faire, il faut que des individus-sujets en prennent conscience et projettent de le faire parce que « se devant » moralement de le faire. C'est toujours à l'individu singulier qu'il revient de prendre conscience de la nécessité morale et de l'opportunité pratique de ses actions de révolte et de lutte contre l'oppression.

« Une liberté, écrit Simone de Beauvoir, ne peut se vouloir sans se vouloir comme mouvement indéfini ; elle doit absolument refuser les contraintes qui arrêtent son élan vers elle-même[4]... » Mais peut-on être

---

2. Rappelons que Marx fait le constat suivant : le capitalisme libéral fait de l'homme un être prisonnier économiquement, politiquement et spirituellement. Le projet marxiste consiste donc à libérer concrètement l'homme de ces aliénations et des institutions qui les fondent. Mais cela ne sera possible, selon Marx, que par le biais d'une libération collective, puisqu'une libération individuelle n'apporterait pas de changement dans le rapport exploiteur/exploité.

3. Simone de Beauvoir, *Pour une morale de l'ambiguïté,* Paris, Gallimard, coll. Idées, 1968, p. 131.

4. *Ibid.,* p. 44.

opprimé par les choses ? se demande-t-elle. Évidemment non ! La résistance de la chose peut même soutenir mon action ; si je l'appréhende comme un obstacle, il n'en tiendra qu'à moi de la surmonter et ainsi d'affirmer ma liberté. Prenons comme exemple l'aventurier (*Indiana Jones,* le héros des films de Steven Spielberg, pourrait très bien faire l'affaire) qui se trouve brusquement arrêté, dans sa course, par une végétation luxuriante. Il rencontre l'opposition des choses, mais n'y perd pas pour autant sa liberté. Cette végétation sauvage le bloque certes, mais l'invite par ailleurs à poser un geste libre, le force à se préciser, à faire un choix : celui de poursuivre sa route en y mettant l'effort nécessaire. En un mot, la liberté est amenée à se créer à partir des choses objectives ou contre elles. Ces dernières peuvent m'obliger parfois à des reculs, à des erreurs, et même à des échecs, mais jamais elles ne constituent un démenti à ma liberté. Non pas les choses, mais « seul l'homme, affirme Simone de Beauvoir, peut être un ennemi pour l'homme, seul il peut lui dérober le sens de ses actes, de sa vie, parce qu'aussi il n'appartient qu'à lui de le confirmer dans son existence, de le reconnaître effectivement comme liberté[5] ». Seuls les autres hommes peuvent donc brimer ma liberté ; seuls ils peuvent m'ouvrir ou non l'avenir, me permettre ou non de participer aux activités humaines constructives ; seuls ils peuvent me couper ou non de mes buts. C'est alors, et alors seulement, que je serai plongé dans un état d'oppression.

Qu'est-ce que l'oppression ?

Influencée par le marxisme, Simone de Beauvoir dira que l'oppression divise le monde en deux classes distinctes : d'un côté, il y a ceux qui participent à l'édification de l'humanité et qui en retirent les bénéfices et les privilèges qui lui sont inhérents. Ce sont les oppresseurs. De l'autre côté, il y a ceux qui « sont condamnés à piétiner sans espoir » dans une vie répétitive dont l'unique but est la reproduction matérielle de la collectivité. Quotidiennement, ils doivent poser des gestes mécaniques pour assurer leur survie et, ce faisant, ils sont maintenus à un niveau de sous-humanité. Ce sont les opprimés. L'oppresseur profite du travail de l'opprimé, se nourrit de l'être de l'opprimé, et se refuse à le reconnaître en tant qu'être libre. « Il ne reste à l'opprimé qu'une solution : c'est de nier l'harmonie de cette humanité dont on prétend l'exclure, c'est de faire la preuve qu'il est homme et qu'il est libre en se révoltant contre les tyrans[6]. » Or, pour prévenir cette révolte, les oppresseurs ont généralement utilisé, à travers l'histoire, la même ruse : celle de camoufler l'oppression en la présentant comme une situation « naturelle ». Simone de Beauvoir donne l'exemple du conservateur qui, voulant démontrer que le prolétariat n'est pas opprimé, déclare à qui veut l'entendre « que la distribution actuelle des

---

5. *Ibid.,* pp. 118-119.
6. *Ibid.,* p. 121.

richesses est un fait naturel et qu'il n'y a donc pas moyen de la refuser[7] ». Cependant, pour l'opprimé conscient de l'oppression, le régime dans lequel il s'inscrit correspond à un fait humain, c'est-à-dire social, donc non naturel, et, en tant que tel, il doit être refusé par la révolution. Et ce refus coupera « l'oppresseur de cet avenir vers lequel il prétendait se diriger seul[8] ». Lorsque Simone de Beauvoir parle de révolution, elle ne se gargarise pas de mots, de slogans, d'idéologies. Il s'agit bien ici, pour l'opprimé, de lutter réellement, concrètement contre l'oppresseur s'il veut se réaliser comme liberté positive et ouverte. L'exemple de l'**apartheid** en Afrique du Sud peut fort bien illustrer la description du phénomène de l'oppression tel que tracé par Simone de Beauvoir. En effet, les Blancs d'Afrique du Sud, bien qu'étant minoritaires (environ 20 % de la population), possèdent les pouvoirs économique, politique, et ils bénéficient des droits et privilèges qui y sont reliés. Les Noirs, quant à eux, sont parqués dans des villes-dortoirs (comme le ghetto de Soweto). Les Blancs ne leur reconnaissent aucun droit. Les Noirs n'ont pas le droit de circuler librement dans les villes et les quartiers blancs (à moins d'être munis d'un laissez-passer) ; ils n'ont pas la possibilité de fréquenter les écoles, les hôpitaux, les restaurants destinés aux Blancs, etc. ; ils ne sont pas reconnus socialement comme des citoyens à part entière (ils ne possèdent pas le droit de vote), etc. Tout comme leurs ancêtres, les Noirs vivant actuellement en Afrique du Sud piétinent dans une vie répétitive et mécanique. Leur avenir est bloqué, et ce sont les Blancs qui dressent les obstacles qui les maintiennent dans un état d'oppression.

La cause de la liberté ou l'exigence morale de la libération

Simone de Beauvoir croit que la libération de l'opprimé n'est pas une nécessité toujours reconnue puisque les opprimés peuvent ne pas être conscients de l'oppression dont ils sont l'objet, ou ne pas saisir l'urgence de se libérer, ou encore ignorer la possibilité même de la révolte. Non, la libération correspond plutôt à une exigence morale. En ce sens, l'opprimé doit moralement vouloir accéder à l'authenticité et à la liberté et agir en ce sens. Il y a, pour lui, l'obligation morale d'assumer sa liberté d'homme en se révoltant contre toutes les situations qui lui en interdisent le développement positif.

Mais qu'en est-il de nous, citoyens d'Amérique du Nord, qui ne souffrons pas particulièrement d'oppression ? Pouvons-nous, le soir venu, nous endormir calmement, en toute sérénité et bonne conscience, en nous disant que cela ne nous regarde pas ? Eh bien non ! D'après Simone de Beauvoir, « la cause de la liberté... est universellement humaine[9] », dans le sens où elle se doit d'être la cause de chacun d'entre nous. En d'au-

---

7. *Id.*
8. *Id.*
9. Simone de Beauvoir, *Pour une morale de l'ambiguïté, op. cit.*, p. 125.

tres mots, toute personne se doit d'être concernée par la lutte contre l'oppression à un point tel qu'elle « ne saurait s'accomplir moralement sans y prendre part[10] ». Mais que faire ? « Quel ordre suivre ? Quelle tactique adopter ? » Simone de Beauvoir fait œuvre de philosophe ; elle ne propose pas de recettes toutes faites. Elle nous dit que cela dépend de notre « situation singulière », que tout est affaire « d'opportunité et d'efficacité ». Mais ce qui importe essentiellement, c'est de s'engager dans la lutte, c'est de refuser l'oppression. Toutefois, une seule règle morale s'impose : celle de ne pas être aveuglé par la cause « au point de retomber dans le fanatisme du sérieux ou de la passion ». À travers notre propre lutte pour la liberté, nous devons toujours « chercher à servir la cause universelle de la liberté[11] ». Telle est la vision généreuse de la liberté selon Simone de Beauvoir. Voyons maintenant la conception sartrienne de la liberté.

La conception sartrienne de la liberté

On ne peut comprendre la conception de la liberté avancée par Sartre sans parler de ses positions religieuses. En effet, l'existentialisme sartrien est rigoureusement lié à l'athéisme.

> Si Dieu n'existe pas, écrit Sartre, nous ne trouvons pas en face de nous des valeurs ou des ordres qui légitimeront notre conduite. Ainsi, nous n'avons ni derrière nous, ni devant nous, dans le domaine lumineux des valeurs, des justifications ou des excuses. Nous sommes seuls et sans excuses. C'est ce que j'exprime en disant que l'homme est condamné à être libre[12].

La liberté constitue la conséquence fondamentale d'une position athée cohérente. Sartre postule la liberté comme principe premier de l'action et de la réflexion. La liberté est posée en absolu. L'être humain ne peut qu'être libre. « L'homme ne saurait être tantôt libre, et tantôt esclave : il est tout entier et toujours libre ou il ne l'est pas[13]. » Parce qu'il est entièrement responsable de son existence, l'homme est essentiellement libre, c'est-à-dire que les seules limites à sa liberté sont celles qu'il s'est lui-même données. La liberté sartrienne est donc liée à l'existence même de l'être humain et à sa totale responsabilité ; c'est une liberté vécue, une liberté de fait que chacun se doit d'assumer. Il n'est donc aucunement question ici d'une liberté-concept, d'une liberté-notion. La liberté, écrit

---

10. *Ibid.*, p. 128.
11. *Ibid.*, p. 129.
12. Jean-Paul Sartre, *L'existentialisme est un humanisme,* Paris, Nagel, coll. Pensées, 1968, p. 37.
13. Jean-Paul Sartre, *L'Être et le Néant,* Paris, Gallimard, Bibliothèque des Idées, 1968, p. 516.

Sartre, « n'est pas une qualité surajoutée ou une *propriété* de ma nature ; elle est très exactement l'étoffe de mon être... Elle est l'être de l'homme[14] ». Et cette liberté qui me constitue en tant qu'être humain s'actualise dans toutes mes « manières d'être ». En d'autres termes, mon entière liberté se manifeste chaque fois que je pose un acte[15]. Lorsque, par exemple, en telle circonstance, je manifeste de la peur, c'est moi — et moi seul — qui librement me choisis et me définis peureux en posant des gestes de peur. Au contraire, en d'autres circonstances, je pourrai me choisir courageux, affirmer toute ma liberté dans des actes de courage, exister comme être courageux. La question que nous devons poser est donc la suivante : quelle est ma manière de me choisir ? Plus particulièrement, quel est le choix que je fais de moi-même dans le monde ? Et ce choix, selon Sartre, ne peut faire autrement que d'être libre.

Être libre, c'est choisir

Pour un idéaliste qui adhère aux valeurs universelles, la liberté correspond à un pouvoir d'agir théorique détaché des conditions de l'existence. Être libre sera défini comme la capacité de se mouvoir avec aisance... dans le ciel platonicien des abstractions. La liberté en soi sera alors valorisée. Pour Sartre, comme pour Beauvoir, être libre, c'est, au contraire, faire concrètement un choix, car — nous l'avons vu à l'instant — il n'y a de liberté que dans la mesure où un geste, un acte libre est posé. Or, il y a nécessité pour l'homme de se choisir perpétuellement. Rien ne peut venir à lui à moins que ce ne soit délibérément choisi. Être libre, c'est même être obligé de choisir, car il « n'est pas possible(...) de ne pas choisir(...) ; si je ne choisis pas je choisis encore[16] ». Je choisis alors de ne pas choisir. Par exemple, en face de la situation qui fait que je suis un être sexué, je suis dans l'obligation de choisir une attitude : j'ai des relations sexuelles avec un être de l'autre sexe, ou bien du même sexe, ou encore je suis bisexuel ; je m'inscris dans un rapport sexuel monogame, ou bien je privilégie les relations multiples ; je me limite à l'auto-érotisme, ou bien je reste chaste... Or, si je m'abstiens d'actualiser ma sexualité, je ne peux dire que je n'ai pas choisi : j'ai choisi de ne rien faire ; j'ai choisi de ne vivre d'aucune manière ma « situation » d'être sexué.

Liberté en situation

Rappelons qu'il ne faut pas comprendre la liberté chez Sartre comme un pouvoir de la nature humaine (il n'y a pas, selon Sartre, de nature humaine !). La liberté colle d'une façon constante et inévitable à l'existence. Elle ne prend son sens que dans l'acte. Elle est une liberté « en

---

14. *Ibid.,* pp. 514 et 516.
15. Il est à noter que Sartre ne fait aucune distinction entre choisir et faire.
16. Jean-Paul Sartre, *L'existentialisme est un humanisme, op. cit.,* p. 73.

situation ». Il n'y a de liberté que par rapport à des situations concrètes. Dans *L'Être et le Néant*, Sartre identifie et décrit les éléments fondamentaux de notre situation dans le monde à partir de laquelle se manifeste notre liberté. Voyons brièvement de quoi il s'agit.

1. Ma place

D'abord, il y a *ma place,* c'est-à-dire celle que j'ai reçue à ma naissance (je n'y suis pour rien !), et celle que je prends présentement (j'en suis entièrement responsable !). Ma place, c'est mon « pays », le lieu que « j'habite », mon « emplacement » par rapport aux choses qui m'entourent. Or, cette place, qui correspond, somme toute, à ma situation dans l'espace, peut-elle être une restriction à ma liberté? se demande Sartre. Évidemment non ! Car il dépend de mon unique liberté de ne pas me limiter à mon *être-là* (c'est-à-dire le fait d'être là plutôt qu'ailleurs), mais de me situer par rapport à ce que je veux ou non atteindre. En d'autres mots, c'est moi qui, librement, donne une signification existentielle à la place que j'occupe ou à celle que j'occuperai. Par exemple, je donnerai une signification à ma situation spatiale présente si je saute dans ma voiture et supporte (puisque je déteste conduire !) la fatigue des trois heures de route me séparant de mon ami Roger. Ainsi, c'est la liberté « elle-même qui, en posant sa fin — et en la choisissant comme inaccessible ou difficilement accessible — fait apparaître notre emplacement comme résistance insurmontable ou difficilement surmontable à nos projets[17] ».

2. Mon passé

Mon passé constitue la seconde caractéristique de ma situation dans le monde. Ce passé pèserait, selon une lecture déterministe, de tout son poids sur l'orientation de notre présent. Bien sûr, Sartre admet que les engagements passés peuvent influencer le présent, mais seulement dans la mesure où nous avons constamment à les « ré-affirmer », à les « ré-actualiser ». Je suis le seul à pouvoir « *ré-assumer* » à chaque moment la *portée* de mon passé en lui donnant une signification par l'acte que je pose dans le présent. C'est moi seul qui éclaire mon passé à l'aide du projet que je suis et que je lance dans le futur. En conséquence, je choisis mon passé. Je choisis le sens que je veux bien donner à mon passé étant donné le choix que je fais de mon présent. Mon passé ne détermine pas mon présent. Au contraire, c'est en assumant en toute liberté un projet de vie présent, qui s'oriente vers l'avenir, que je sélectionne, interprète et réalise mon passé à la lumière de ce projet de vie présent. Par exemple, si j'ai librement choisi, il y a quelques années, de m'inscrire dans une relation amoureuse unique, il n'en tient qu'à moi de ne pas aujourd'hui rejeter ce passé, de ne pas le considérer comme mort ; mais, au contraire, de le revivifier, de lui conférer une valeur toujours actuelle en posant des gestes concrets pour faire grandir cet amour unique.

---

17. Jean-Paul Sartre, *L'Être et le Néant, op. cit.,* p. 576.

3. Mes entours

Dès notre naissance, nous sommes jetés dans un monde d'existences différentes de la nôtre. Ces « choses-ustensiles » nous entourent et affichent leur adversité ou leur imprévisibilité : ce sont les *entours*. Ainsi, lorsque je projette de faire une randonnée à vélo et de me rendre à tel endroit, je peux être confronté à un pneu qui crève, à un vent de face, à un soleil torride, etc. Est-ce que l'apparition de ces entours hostiles — qui peuvent contribuer à changer radicalement ma situation — constitue pour autant une entrave à ma liberté ? Pas du tout ! Les accidents prévisibles et même ceux que je n'avais pas prévus ou pu prévoir — malgré qu'ils interrompent ma route — ne déterminent pas mon existence. Ils font partie de mon projet de randonnée à vélo comme des probables, des possibles pouvant surgir inopinément. C'est même ma liberté qui révèle ces entours et qui — en leur donnant un sens — les exprime et les constitue *en situation,* c'est-à-dire comme des éléments ayant un rapport hostile ou complice avec mon projet et moi-même. Il n'en tient qu'à moi d'interpréter la côte que j'ai à monter comme un osbtacle difficile sinon impossible à franchir, ou comme (une fois arrivé au sommet) un magnifique point de vue sur la campagne environnante. « Ainsi suis-je absolument libre et responsable de ma situation. Mais aussi ne suis-je jamais libre *qu'en situation*[18]. »

4. Mon prochain

Ma situation concrète, c'est aussi vivre dans un monde où il y a autrui. Plus particulièrement, en tant qu'existant, je me trouve, d'une part, en présence de significations qui n'émanent pas de moi-même, mais des autres. Est-ce que ces dernières constituent une limite externe à ma liberté ? Non. Certes, j'habite un *monde-là* peuplé de sens que je n'y ai pas mis moi-même : modes d'emploi, plaques indicatrices, ordres et consignes de toutes sortes ; mais c'est à moi d'affirmer et d'assumer ma liberté en tenant compte de la conjoncture présente et en faisant mien ou non ce sens déjà là. Ces interdictions, ces défenses n'entraveront ma liberté que dans les limites de mon propre choix. D'autre part, je me trouve aussi en présence de l'autre en tant que tel. Or, cet autre — nous l'avons vu au chapitre 5 — me définit, me détermine du *dehors* sans que j'aie espoir de modifier le sens qu'il m'accorde. Pour lui, je suis, par exemple, intelligent ou stupide, beau ou laid, etc. Le jugement qu'il porte sur moi est beaucoup plus qu'une simple opinion qu'il se fait de ma personne, car il me confère un sens que je ne me suis pas moi-même donné. Je subis ce sens dans la mesure où il m'est imposé par une liberté autre que la mienne. Je deviens, par le regard de l'autre, ce quelqu'un, cette qualité ou ce défaut que je n'ai pas nécessairement choisi d'être. Bref, la liberté de l'autre appréhende librement ma liberté selon ses propres perspectives et orientations et, ce faisant, l'aliène en quelque sorte. Cependant, il existe une porte de sortie. C'est dans la

---

18. Jean-Paul Sartre, *L'Être et le Néant, op. cit.,* p. 591.

mesure où je me saisirai comme limité par l'autre, où je le ferai exister, pour moi, en tant que subjectivité, que je pourrai assumer et récupérer les limites que l'autre confère à ma situation. En d'autres mots, il s'agit tout simplement de prendre sur soi le point de vue de l'autre et de lui donner un sens à la lumière de mes propres fins. Ici encore, la liberté me donne le pouvoir, non pas de décider comment l'autre me perçoit, mais d'accepter ou de refuser la définition que l'autre m'attribue. Ainsi, ma liberté peut reprendre ou non à son compte les limites qui me sont imposées par la liberté de l'autre, de sorte que les seules restrictions véritables « que la liberté heurte à chaque instant, ce sont celles qu'elle s'impose à elle-même...[19] »

5. Ma mort

Sartre note d'abord le caractère totalement absurde de la mort. Avec la mort, toutes les valeurs, les attentes, les comportements mis en avant par l'individu tombent d'un coup dans l'indéterminé, le néant, l'absurde. Aussi, il serait vain de croire que la mort peut donner un sens à la vie. Au contraire, elle lui enlève toute signification car, pour qu'il y ait un sens, il faut que je puisse être là, comme subjectivité, pour en fabriquer un et pour actualiser ce sens à la lumière de mon avenir. Or, n'étant plus vivant, tout avenir m'est alors refusé ; conséquemment, je ne pourrai pas interpréter ma mort. Lorsque j'existe, j'ai constamment à décider du sens de ma vie ; il est carrément entre mes mains. La mort fait en sorte que, désormais, pour ma vie, les jeux sont faits ; dès lors, ma vie est une vie *faite,* close, définitivement fermée ; rien ne peut plus lui *arriver* ; rien ne peut plus y entrer.

En outre, une fois mort, je suis condamné à n'exister que par autrui. En effet, ceux qui restent, comme on dit, prennent la relève des significations concernant ma vie. Ils peuvent la transformer en échec ou en réussite, en lâcheté ou en courage, etc., et je ne peux plus corroborer ou démentir l'interprétation qu'ils imposent à ma vie en m'annonçant par mon ou mes projets. « Être mort, c'est être en proie aux vivants[20]. » La mort trace-t-elle alors la limite finale de ma liberté? se demande Sartre. Pas nécessairement. Ce n'est pas parce que les autres me voient mortel, ou encore parce qu'ils peuvent me déposséder du sens que je donnais moi-même à ma vie (alors que j'existais), que la mort est pour autant la contrainte ultime de ma liberté. En fait, la mort n'est « rien d'autre que du *donné* » qui doit arriver ; elle n'est qu'une « situation-limite » inéluctable et absurde que j'intériorise comme « ultime ». En cela, elle peut être considérée comme une limite qui hante ma liberté. Mais en réalité — puisque ma conscience ne peut concevoir, ni attendre la mort ni se projeter vers elle — ma subjectivité est totalement indépendante d'elle et « la liberté qui est *ma liberté*

19. *Ibid.,* p. 615.
20. *Ibid.,* p. 628.

demeure totale et infinie[21] ». Certes, je n'ai pas le choix de ne pas mourir un jour, mais la mort n'est pas, de mon vivant, un obstacle à mes projets, car « je suis un libre mortel » qui échappe à sa mort dans son projet même de vivre.

En résumé, nous pouvons dire que même si l'être humain possède, selon Sartre, une responsabilité complète face aux actes qu'il pose, il n'en demeure pas moins que sa liberté doit se mesurer aux différents éléments qui tracent sa situation dans le monde. Sa place, son passé, ses entours, son prochain, sa mort constituent « sa situation », et c'est uniquement dans cette situation et face à elle que l'homme est libre. Dans *L'Être et le Néant,* Sartre éclaire sa conception de la liberté par l'exemple de la mobilisation en temps de guerre. Je n'ai pas choisi cette situation ; je n'y suis pour rien dans le fait que mon pays se soit mis en guerre ; ce n'est pas moi qui, personnellement, ai déclaré cette guerre ; etc. ; mais à l'égard de cette situation, il m'est toujours possible de me choisir soldat combattant ou objecteur de conscience. Autrement dit, si je ne me soustrais pas à cette guerre en désertant ou, à la limite, en me suicidant, elle devient *ma* guerre, je l'ai *choisie,* et j'en porte l'entière responsabilité. « Vivre cette guerre, écrit Sartre, c'est me choisir par elle et la choisir par mon choix de moi-même[22]. » La liberté sartrienne est donc une liberté en situation dans la mesure où elle consiste dans le parti pris d'agir à l'intérieur d'une situation particulière dont je ne suis pas nécessairement responsable au départ. Être libre, c'est assumer pour soi une situation en prenant le parti d'y agir ou d'y réagir par des actes concrets et réels. En d'autres termes, il dépend toujours de moi, et de moi seul, de choisir telle ou telle attitude compte tenu d'une situation donnée. Un autre exemple pourrait être apporté : celui d'une personne atteinte d'un cancer à qui les médecins annoncent qu'elle va mourir dans quelques mois. Cette personne n'a pas choisi sa maladie, elle n'est pas libre de ne pas être malade, mais il lui est toujours possible d'appréhender sa maladie de telle ou telle manière : la supporter ou la combattre. Bref, il n'en tiendra qu'à elle de se résigner, et d'attendre patiemment la mort. Au contraire, elle pourra adopter une attitude de lutte face à sa maladie, la mépriser, relever le défi de vivre avec intensité au lieu de croupir dans l'attente du pire à venir. Cette situation constitue, pour la personne souffrant du cancer, la délimitation même de sa liberté, le point à partir duquel commence sa liberté. C'est par le choix qu'elle fera de sa maladie qu'elle se choisira elle-même, qu'elle donnera un sens à son existence, répondra à son destin, contredira la fatalité.

Liberté individuelle et liberté d'autrui

La liberté sartrienne implique une volonté d'engagement de soi dans chaque situation qu'il nous est donné de vivre. Mais quel est le rapport entre

---

21. *Ibid.,* p. 632.
22. *Ibid.,* p. 640.

ma liberté et celle des autres ? « La liberté comme définition de l'homme ne dépend pas d'autrui, écrit Sartre, mais dès qu'il y a engagement, je suis obligé de vouloir en même temps la liberté des autres, je ne puis prendre ma liberté pour but, que si je prends également celle des autres pour but[23]. » En conséquence, l'être humain doit vouloir, selon Sartre, la liberté des autres ; la liberté humaine est solidaire de celle des autres hommes. C'est individuellement que l'être humain doit découvrir et actualiser pour lui-même les « chemins de la liberté[24] », et ce n'est que dans cette mesure qu'il sera homme, car il n'est que ce qu'il se choisit d'être. Cependant, ce projet — qui le fait être — ne doit pas se refermer sur lui-même, il doit s'accomplir comme *être-au-monde,* c'est-à-dire comme projet en relation avec les autres.

---

23. Jean-Paul Sartre, *L'existentialisme est un humanisme, op. cit.,* p. 83.
24. Titre de l'un des romans de Jean-Paul Sartre présenté sous forme de trilogie (I. *L'Âge de raison* ; II. *Le Sursis* ; III. *La Mort dans l'âme*) et publié à Paris chez Gallimard N.R.F. de 1945 à 1949.

ACTIVITÉ D'APPRENTISSAGE

Objectifs spécifiques

L'étudiant ou l'étudiante devra être capable de :

• démontrer sa compréhension d'un texte de Simone de Beauvoir en transposant dans ses propres mots le contenu partiel de ce texte philosophique ;

• comparer, c'est-à-dire examiner les rapports de ressemblance et de différence entre des éléments du texte que l'auteure met en parallèle ;

• évaluer, c'est-à-dire exprimer son accord ou son désaccord (et en donner les raisons) sur l'interprétation beauvoirienne du passage de l'enfance à l'adolescence.

La liberté ou le choix moral

Il y a des êtres dont la vie tout entière s'écoule dans un monde infantile, parce que, maintenus dans un état de servitude et d'ignorance, ils ne possèdent aucun moyen de briser ce plafond tendu au-dessus de leurs têtes ; comme l'enfant lui-même ils peuvent exercer leur liberté, mais seulement au sein de cet univers constitué avant eux, sans eux. C'est le cas par exemple des esclaves qui ne sont pas encore élevés à la conscience de leur esclavage. Ce n'est pas tout à fait à tort que les planteurs du Sud considéraient comme de « grands enfants » les noirs qui subissaient docilement leur paternalisme ; dans la mesure où ils respectaient le monde des blancs, la situation des esclaves noirs était exactement une situation infantile. Dans beaucoup de civilisations, cette situation est aussi celle des femmes qui ne peuvent que subir les lois, les dieux, les mœurs, les vérités créés par les mâles. Même aujourd'hui, dans les pays de l'Occident, il y a encore beaucoup de femmes, parmi celles qui n'ont pas fait dans le travail l'apprentissage de leur liberté, qui s'abritent dans l'ombre des hommes ; elles adoptent sans discussion les opinions et les valeurs reconnues par leur mari ou leur amant, et cela leur permet de développer des qualités enfantines interdites aux adultes parce qu'elles reposent sur un sentiment d'irresponsabilité. Si ce qu'on appelle la futilité des femmes a souvent tant de charme et de grâce, si parfois elle possède même un caractère émouvant d'authenticité, c'est que, tout comme les jeux enfantins, elle manifeste un goût gratuit et pur de l'existence, elle est absence de sérieux. Le malheur est qu'en beaucoup de cas cette insouciance, cette gaîté, ces inventions charmantes, impliquent une profonde complicité avec ce monde des hommes qu'elles semblent si gracieusement contester, et c'est à tort qu'on s'étonne de voir, dès que l'édifice qui les abrite semble en danger, des femmes sensibles, ingénues, légères, se montrer plus âpres, plus dures, voire plus furieuses ou plus cruelles que leurs maîtres. Alors on découvre quelle différence les distingue d'un véritable enfant : à l'enfant sa situation est imposée, tandis que la femme (j'entends la femme occidentale d'aujourd'hui) la choisit ou du moins y consent. L'ignorance, l'erreur sont des faits aussi inéluctables que les murs d'une prison ; l'esclave noir du XVIIIᵉ siècle, la musulmane enfermée au fond d'un harem, n'ont aucun instrument qui leur permette d'attaquer, fût-ce en pensée, fût-ce par l'étonnement ou la colère, la civilisation qui les opprime : leur conduite se définit et ne saurait se juger qu'au sein de ce donné ; il se peut que dans leur situation, limitée comme toute situation humaine, elles réalisent une parfaite affirmation de leur liberté. Mais, dès qu'une libération apparaît comme possible, ne pas exploiter cette possibilité est une démission de la liberté, démission qui implique la mauvaise foi et qui est une faute positive.

En fait il est très rare que le monde infantile se maintienne au-delà de l'adolescence. Dès l'enfance, déjà des failles s'y révèlent ; dans l'étonnement, la révolte, l'irrespect, l'enfant peu à peu s'interroge : pourquoi *faut*-il agir ainsi ? à quoi est-ce utile ? et si moi j'agissais autrement, qu'arriverait-il ? Il découvre sa subjectivité, il découvre celle des autres. Et lorsqu'il arrive à l'âge de l'adolescence, tout son univers se met à vaciller parce qu'il aperçoit les contradictions qui opposent les uns aux autres les adultes, et aussi leurs hésitations, leurs faiblesses. Les hommes cessent de lui apparaître comme des dieux, et en même temps l'adolescent découvre le caractère humain des réalités qui l'entourent : le langage, les coutumes, la morale, les valeurs ont leur source dans ces créatures incertaines ; le moment est venu où il va être appelé à participer lui aussi à leur opération ; ses actes pèsent sur terre autant que ceux des autres hommes, il va lui falloir choisir et décider. On comprend qu'il ait peine à vivre ce moment de son histoire, et c'est là sans doute la cause la plus profonde de la crise d'adolescence : c'est que l'individu doit enfin assumer sa subjectivité. Par un certain côté l'écroulement du monde sérieux est une délivrance. Irresponsable, l'enfant se sentait aussi sans défense en face des puissances obscures qui dirigeaient le cours des choses. Mais quelle que soit la joie de cette libération, ce n'est pas sans un grand désarroi que l'adolescent se trouve jeté dans un monde qui n'est plus tout fait, qui est à faire, en proie à une liberté que plus rien n'enchaîne, délaissé, injustifié. En face de cette situation neuve, que va-t-il faire ? C'est à ce moment qu'il se décide ; si l'histoire qu'on pourrait appeler naturelle d'un individu : sa sensualité, ses complexes affectifs, etc., dépend surtout de son enfance, c'est l'adolescence qui apparaît comme le moment du choix moral : alors la liberté se révèle et il faut décider de son attitude en face d'elle. Sans doute, cette décision peut toujours être remise en question, mais en fait les conversions sont difficiles, parce que le monde nous renvoie le reflet d'un choix qui se confirme à travers ce monde qu'il a façonné ; ainsi se noue un cercle de plus en plus rigoureux, d'où il devient de plus en plus improbable que l'on s'échappe. Le malheur qui vient à l'homme du fait qu'il a été un enfant, c'est donc que sa liberté lui a été d'abord masquée et qu'il gardera toute sa vie la nostalgie du temps où il en ignorait les exigences.

Simone de Beauvoir, *Pour une morale de l'ambiguïté,* Paris, Gallimard, coll. Idées, 1968, pp. 54-58

Questions

1. Afin de mieux cerner la problématique de la liberté, Simone de Beauvoir établit, dans la première partie du texte, une comparaison entre, d'un côté, le « monde infantile » et, de l'autre, les esclaves noirs et les femmes... Quels sont les éléments de ressemblance et de dissemblance entre les termes de cette comparaison ?

2. « Mais, dès qu'une libération apparaît comme possible, ne pas exploiter cette possibilité est une démission de la liberté, démission qui implique la mauvaise foi et qui est une faute positive. » Cet extrait constitue la position morale de Simone de Beauvoir en regard de la liberté... Dans un premier temps, formulez dans vos propres mots cette position morale. En second lieu, expliquez-la et commentez-la. (*Consigne:* Votre réponse doit être élaborée en un minimum d'une page.)

3. Identifiez et évaluez les principaux éléments à partir desquels Simone de Beauvoir s'explique le passage de l'enfance à l'adolescence. (*Consigne:* Vous devez fonder vos jugements, c'est-à-dire apporter au moins trois arguments pour appuyer vos affirmations. — Minimum suggéré: une page.)

8 La personne comme être déterminé

Laborit et Skinner

> *La motivation fondamentale des êtres vivants semble donc bien être le maintien de leur structure organique.*

Henri Laborit, *Éloge de la fuite*, p. 20

> *Dans la perspective scientifique, l'individu est membre d'une espèce façonnée par les contingences évolutives de survie, manifestant des mécanismes de comportement qui le placent sous le contrôle de l'environnement dans lequel il vit, et pour une grande part sous le contrôle d'un environnement social que lui-même et des millions d'autres hommes semblables à lui ont construit et maintenu au cours de l'évolution culturelle.*

B.F. Skinner, *Par delà la liberté et la dignité*, p. 255

Le déterminisme ou l'impossibilité d'être libre

Le déterminisme est la philosophie scientifique qui postule que les phénomènes ou les conduites observables découlent nécessairement d'une ou de causes tout aussi observables. En conséquence, chaque fois que nous attribuons comme cause à un phénomène ou à une conduite une entité inobservable (l'âme, l'esprit, la volonté, la conscience), la théorie déterministe considère que nous n'expliquons rien du tout.

Par ailleurs, le hasard et la liberté sont, selon cette philosophie, des illusions issues de notre ignorance. Tous nos actes, pensées et sentiments ont leurs causes dans notre biochimie ou dans notre environnement, ou dans les deux à la fois, et nous ne déciderions que de ce qui est déjà décidé. Dans le présent chapitre, nous aborderons deux conceptions de la personne en tant qu'être déterminé. D'abord, nous verrons le déterminisme lié à la satisfaction des besoins revu et corrigé par Henri Laborit ; puis la théorie béhavioriste de Skinner, soit le déterminisme lié à l'histoire des apprentissages d'un individu inséré dans un environnement donné.

Henri Laborit : chercheur en médecine

Henri Laborit est né en 1914 à Hanoi de parents français. Son père était médecin militaire et c'est ce qu'il est lui-même devenu avant de s'adonner à la recherche en laboratoire. Dès ses premières années dans les écoles militaires, il se sent marginal parce qu'il est réfractaire aux hiérarchies omniprésentes dans ce milieu. Il évite pourtant tout affrontement et va où son rôle de médecin de la Marine l'appelle.

Toutefois, ses différentes affectations de médecin major lui laissent beaucoup de temps libre et il va aussi dans des endroits où son devoir ne l'appelle pas : services de soins intensifs ou laboratoires d'hôpitaux privés. Face à cela, pour calmer les vagues que ce médecin commence à faire dans son milieu, les autorités militaires l'affecteront au laboratoire militaire de Val-de-Grâce. Là aussi les hiérarchies pèsent à Laborit et, en 1958, on accepte qu'il s'installe dans son propre laboratoire de Bouciault.

Les premières recherches de Laborit ont trait à l'anesthésie et au traitement des états de choc, particulièrement du choc postopératoire. En tant que chirurgien, il est amené à constater que l'organisme agressé met en branle tout un système de défense qui, dans certaines circonstances, peut s'emballer et nuire à l'organisme plutôt que de le protéger. C'est à partir des différentes techniques d'anesthésie, qui en sont alors à leurs débuts, et par l'expérimentation sur des animaux que Laborit et ses collaborateurs découvrent diverses substances popularisées plus tard sous le terme général de « tranquillisants ». Ils mettent également au point une technique d'hibernation artificielle qui permet d'opérer en réduisant au minimum la réaction à la chirurgie.

La théorie générale avancée par Laborit à l'occasion de ces recherches est que l'organisme réagit à l'agression en inhibant le fonctionnement de certains organes et en en surexcitant d'autres. Cette réaction de l'organisme serait commandée par des mécanismes innés des systèmes nerveux et **endocrinien.** Ce sera donc en intervenant sur ces deux systèmes que l'on pourra rétablir le fonctionnement normal de l'organisme malgré l'agression. La connaissance de ce processus général permettait des interventions non seulement en chirurgie où l'agression est réelle, mais aussi dans le domaine plus vaste de la psychiatrie. En effet, Laborit a été amené à constater que l'organisme réagit de la même manière à l'agression, qu'elle soit réelle ou imaginaire.

Ces incursions d'un « médecin de la Marine » dans des domaines pour lesquels il n'avait aucune formation institutionnelle reconnue valurent bien des rebuffades à ce chercheur marginal. Pourtant, grâce à quelques amis, à une certaine reconnaissance hors de son pays et au plaisir certain qu'il tire de ses découvertes, Laborit persiste dans ses recherches en biologie fondamentale. Malgré les résistances que lui opposent les militaires et les scientifiques, il passe de ses découvertes sur le système nerveux au domaine des sciences sociales et publie de nombreux ouvrages[1] à large diffusion où il fait le lien entre les connaissances que nous fournit la biologie et la compréhension que nous pouvons avoir de la vie en société.

La conservation de notre structure : le déterminisme biologique

Selon Laborit, tous nos comportements sont orientés de façon innée ou acquise par la recherche de l'action gratifiante : celle qui permet soit la survie, soit la reproduction. Cette recherche de la gratification est inscrite dans notre constitution biologique et demeure inconsciente tout en déterminant la forme de tout ce qui sera acquis par l'expérience. L'expérience acquise demeurant, pour sa plus grande part, elle aussi inconsciente.

Dès sa présence dans l'utérus de la mère et tout au long de la vie, l'être humain agit pour satisfaire ses besoins fondamentaux. Et il n'a pas le choix puisqu'il est contraint de maintenir en vie sa structure biologique en buvant, en mangeant, en copulant. Les objets qui entourent l'être humain prennent leur sens selon le rôle qu'ils jouent dans cette recherche de satisfaction : ceux qui sont gratifiants seront aimés et ceux qui empêchent la satisfaction seront haïs. Par exemple, l'attachement à un territoire découle de cette recherche puisque le territoire est le lieu où se trouvent les objets satisfaisants. Toutes les hiérarchies et dominances sociales qui s'établissent pour l'accès à ces territoires ou à ces objets sont donc, elles aussi, déterminées par la recherche de satisfaction à l'intérieur d'une collectivité particulière.

Dans l'enfance, nous apprenons les comportements qu'il faut manifester pour obtenir de la part des parents et des autres adultes tout ce que nos besoins nous font désirer. Ce modèle d'apprentissage, qui constitue notre personnalité, se perpétuera dans tous les milieux où nous serons amenés à vivre et à chercher les moyens de satisfaire nos besoins fondamentaux. Partout, nous nous insérons dans des rapports hiérarchiques qui nous permettent ou nous refusent l'accès à des lieux ou à des objets gratifiants : les notes scolaires, la force ou les aptitudes physiques ou intellectuelles, l'emploi et le statut social, les différentes distinctions ou récompenses sociales

---

1. Les principaux livres de Laborit sont : *L'Homme imaginant. Essai de biologie politique,* Paris, Union générale d'éditions, coll. 10-18, 1970 ; *L'Agressivité détournée. Introduction à une biologie du comportement social,* Paris, Union générale d'éditions, coll. 10-18, 1970 ; *La Nouvelle Grille,* Paris, Robert Laffont, 1974 ; *Éloge de la fuite,* Paris, Gallimard, coll. Idées, 1981 ; *La Vie antérieure,* Paris, Grasset, 1989.

constituent toujours des moyens pour obtenir la gratification qui est ultimement liée à la satisfaction des besoins fondamentaux, c'est-à-dire à la conservation de notre structure.

La mémoire, le langage, l'imaginaire et le processus de satisfaction des besoins

L'humain doit trouver dans la réalité les moyens de satisfaire ses besoins. Cependant, ce processus besoin-satisfaction ne recommence pas à zéro chaque fois qu'il se produit. Au contraire, une mémoire affective enregistre les expériences agréables et désagréables associées au processus.

> En fait, dit Laborit, la science contemporaine connaît les médiateurs chimiques et les faisceaux qui, dans le cerveau, lorsqu'ils sont mis en jeu, entraînent la répétition de la stratégie aboutissant au plaisir ainsi que la répétition de l'acte gratifiant. Il en est de même pour le faisceau de la punition, ou de la douleur, qui met en jeu un comportement de fuite ou d'agressivité[2].

Cette mémoire affective est transformée en langage. Cela rend possible l'accumulation d'une expérience personnelle consciente et la transmission de l'expérience acquise par les générations antérieures. C'est par le langage que s'intériorisent les besoins acquis et les interdits sociaux. Laborit souligne que ce que la mémoire enregistre, ce sont les processus cérébraux agréables ou désagréables alors que le langage, lui, nomme des lieux, des personnes ou des idées susceptibles ou non de satisfaire nos besoins. Par exemple, l'enfant qui obtient un sourire de sa mère chaque fois qu'il dit « merci » songera plus tard que la vie en société nécessite toutes sortes de politesses dont l'usage est un signe de civilisation. Mais en fait, selon Laborit, il ne fait que réactiver par ce « merci » le plaisir qui lui est associé dans sa mémoire.

Ainsi, l'imaginaire permet d'exprimer par le langage les justifications socialement acceptables des comportements fondés en fait sur les recherches individuelles et inconscientes de satisfaction. En d'autres mots, la satisfaction, ou son empêchement, est déterminée par des processus organiques inconscients, mais elle est vécue dans la conscience selon des constructions imaginaires qu'exprime le langage. Les dominances sociales s'expriment de cette manière. Un élève, par exemple, se soumettra à l'autorité de son professeur en se disant que le savoir et la compétence que possède celui-ci justifient une telle autorité ; mais en fait, les véritables motifs inconscients de sa soumission sont que, d'une part, il évite l'éventuelle punition s'il ne se soumet pas et que, d'autre part, c'est ainsi qu'il pourra plus facilement obtenir le statut qui lui permettra de satisfaire ses

---

2. Henri Laborit, *La Vie antérieure*, Paris, Grasset, 1989, p. 208.

besoins de gratification : être congratulé, recevoir l'admiration de ses pairs, avoir de bonnes notes, etc. Nous voyons par cet exemple qu'on apprend à respecter les individus qui détiennent une position dominante par crainte des punitions qu'ils peuvent nous infliger et que, ce faisant, nous nous assurons la satisfaction de besoins fondamentaux spécifiques.

La lutte, la fuite ou l'inhibition de l'action

Il existe deux façons d'obtenir la gratification attachée au maintien de notre structure vivante : la lutte et la fuite. Il faut soit pouvoir adopter des comportements de lutte qui procureront la satisfaction, soit pouvoir fuir pour éviter de perdre l'acquis. Or, dans les deux cas, ces comportements peuvent se révéler inefficaces. Parfois, nous ne pouvons lutter pour obtenir ce que nous voulons ou nous ne réussissons ni à lutter ni à fuir pour nous protéger de ce qui nous menace.

Laborit résume en un seul concept ces différentes inefficacités : c'est l'inhibition de l'action[3]. Chaque fois que nous ne pouvons agir pour éviter une punition, pour expliquer une inconnue, combler une ignorance ou obtenir ou conserver un objet gratifiant, nous sommes en situation d'inhibition de l'action. L'organisme adopte cette attitude d'attente, il « fait le mort » quand aucune autre solution n'est possible. C'est le cas de l'animal traqué par un prédateur plus fort et plus rapide que lui. En état d'inhibition de l'action, nous ressentons de l'angoisse car nous sommes mis devant l'impossibilité de dominer la situation. Ce sentiment d'angoisse vient du fait que l'organisme est préparé à lutter ou à fuir pour conserver ou obtenir la gratification et est en même temps empêché de le faire. Ces mécanismes de préparation et d'empêchement de l'action étant inconscients, l'angoisse est une peur sans objet qui ne peut disparaître tant qu'est maintenue l'inhibition de l'action. Par exemple, le vendeur qui a appris qu'il doit toujours être avenant avec son client pour faire une vente sera à longueur de journée empêché d'envoyer promener le client capricieux et désagréable. Son organisme vivra l'inhibition de l'action comme une impossibilité d'agir, comme une agression sans cesse renouvelée contre laquelle il ne pourra continuellement se défendre en manifestant les bonnes règles de politesse inculquées lors de son apprentissage. Tôt ou tard, il éprouvera de l'angoisse.

---

3. Les comportements de gratification, de lutte, de fuite et d'inhibition qui permettent à l'être humain de maintenir son équilibre biologique et de se maintenir en vie sont magnifiquement illustrés dans le film d'Alain Resnais *Mon oncle d'Amérique,* France, 1980, 2 h 06. Il est à noter que les réactions causées par l'inhibition de l'action sont semblables à celles que cause l'état de choc, sur lequel ont porté les premières recherches de Laborit. La situation est tellement semblable que le tranquillisant « chlorpromazine » utilisé en chirurgie trouvera un usage en psychiatrie pour traiter le stress. Laborit a fourni une synthèse détaillée de la biochimie de l'inhibition de l'action dans *La Vie antérieure, op. cit.,* pp. 214 et ss.

Réactions à l'angoisse

Le système nerveux humain a pour fonction fondamentale de nous permettre d'agir. Chaque fois qu'il en est empêché, nous ressentons l'angoisse. Cependant, il existe différentes façons de réagir à cette angoisse[4] :

a) L'*agressivité* constitue la réaction la plus simple à la douloureuse sensation de ne pouvoir agir. Il ne faut toutefois pas confondre cette agressivité réactive et l'agressivité que l'on peut manifester pour obtenir l'objet gratifiant ou la position de dominance permettant la gratification. L'agressivité dont il s'agit ici correspond à l'action violente, en apparence gratuite, qui ne fera pas obtenir l'objet gratifiant mais fera diminuer l'angoisse rattachée à la non-gratification.

b) La *dépression* et la *toxicomanie* sont des moyens semblables d'échapper à l'angoisse. Dans les deux cas, la stratégie adoptée consiste à affaiblir le besoin d'agir pour que l'impossibilité de l'action soit moins ressentie.

c) *Fuite* culturelle ou psychotique. Lorsqu'il s'avère impossible de fuir concrètement une situation non gratifiante, nous pouvons obtenir une gratification secondaire par une fuite dans l'imaginaire, qu'elle soit culturelle ou psychotique. Dans le premier cas, la fuite, tout en nous éloignant de la réalité, reste attachée aux formes qu'a prises ce genre de fuite dans le passé de notre groupe social. Par exemple, le savant qui se plonge dans des recherches qui n'intéressent aucun de ses confrères évite d'être confronté à ces derniers tout en continuant de faire de la science. Dans l'autre cas, la fuite n'utilise que le matériel mémorisé par l'expérience personnelle de l'individu et reste incomprise de son entourage. Si, par exemple, ce même savant décidait de nommer les éléments faisant partie de ses recherches en fonction de la date ou de la température de la journée où il les a utilisés la première fois, la communauté scientifique à laquelle il appartient ne comprendrait pas la rationalité d'une telle attitude et le traiterait tout simplement de fou.

Les différentes réactions à l'angoisse que nous venons de passer brièvement en revue ne doivent pas donner l'impression que nous choisissons délibérément l'une ou l'autre. Là comme ailleurs, c'est le matériel accumulé dans l'imaginaire de l'individu qui déterminera la forme que prendra sa réaction à l'angoisse.

---

4. Henri Laborit, *La Nouvelle Grille,* Paris, Robert Laffont, 1974, pp. 72-95.

Schéma de la détermination de nos rapports aux objets et aux êtres

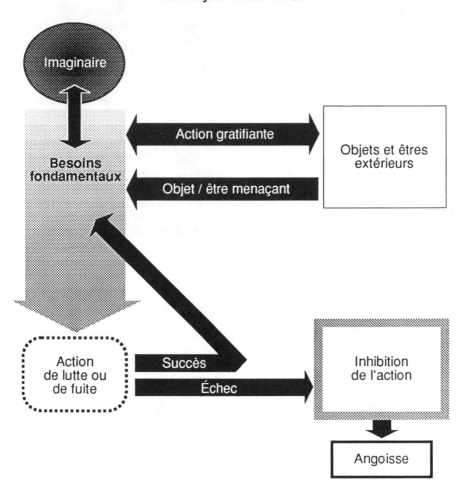

La liberté n'existe pas

D'après Laborit, nous n'avons ni le choix d'agir, ni le choix de nos actions. Nos besoins fondamentaux doivent être satisfaits sous peine de souffrance et même de mort, et les comportements qui mènent à la satisfaction se sont inscrits dans notre inconscient tout au long de notre apprentissage de la vie en société. La liberté est un concept vide qui n'a aucune prise dans la vie réelle. L'illusion d'être libre résulte tout simplement d'une insconscience des déterminismes qui affectent ce que nous appelons « nos choix ». En réalité, le destin d'un homme n'est sans doute pas le résultat d'un choix délibéré, mais celui d'un ensemble de déterminismes qui le dépassent. Il est surtout le résultat de ses conditionnements socioculturels et des circonstances dans lesquelles cet homme se trouve placé. Au sein de ces déterminismes, quels qu'ils soient, il ne lui reste plus qu'une attitude intérieure, un certain « esthétisme » qui puisse modeler ses comportements[5].

L'humour ou un certain cynisme peuvent, par exemple, accompagner le système de justifications sérieuses et rationnelles qui fondent nos comportements. Ces attitudes permettent de nous montrer à nous-mêmes que nous ne sommes pas dupes de cette impression de liberté qui, malgré tout, demeure.

« En réalité, écrit Laborit, ce que l'on peut appeler " liberté ", si vraiment nous tenons à conserver ce terme, c'est l'indépendance très relative que l'homme peut acquérir en découvrant, partiellement et progressivement, les lois du déterminisme universel[6]. » En outre, il faut constater que la motivation et les moyens utilisés par la personne qui veut s'expliquer le déterminisme universel lui seront fournis par son organisme et la socio-culture ambiante. « Même lorsque l'Homme remplit pleinement son rôle d'Homme en parvenant, grâce à son imagination créatrice, non à se soustraire aux déterminismes qui l'aliénaient, mais, en appliquant leurs lois, à les utiliser au mieux de sa survie et de son plaisir, même dans ce cas, dit Laborit, il ne réalise pas un choix, un libre choix[7]. » En effet, le matériel dont se nourrit l'imagination a été placé là par le milieu, et la pulsion qui nous pousse à l'utiliser vient du plus profond de notre organisme. C'est, pour Laborit, le plus près que nous puissions venir de la liberté.

À partir de la connaissance de certains mécanismes biologiques de défense contre l'agression, Laborit a élaboré une conception de l'homme fondée sur la primauté des déterminismes biologiques et sociaux. Des processus innés ou construits par apprentissage poussent de manière inconsciente l'être humain à adopter les comportements qui contribueront à maintenir sa structure en vie. Sur le plan de la conscience, et de ce qui peut s'exprimer par le langage, Laborit ne voit qu'un ensemble de justifications qui masquent nos motivations réelles. Les choix que nous disons et croyons faire ne sont en réalité que le résultat de la stratégie que notre organisme utilise pour répondre à ses besoins en tenant compte de la socio-culture environnante.

---

5. Henri Laborit, *La Vie antérieure, op. cit.,* pp. 65-66.
6. Henri Laborit, *Éloge de la fuite,* Paris, Gallimard, coll. Idées, 1981, p. 74.
7. *Ibid.,* p. 75.

Skinner et le béhaviorisme

Dans l'étude du comportement humain, le béhaviorisme adopte l'attitude empiriste, c'est-à-dire qu'il n'accepte comme explication de nos comportements que nos expériences antérieures. Cette attitude est partagée dans la tradition philosophique anglaise par Locke (1632-1704), Berkeley (1685-1753) et Hume (1711-1776) pour lesquels l'expérience sensible est le réel. Si l'on applique cette théorie à la conduite humaine, cela donne la thèse suivante : nos idées, notre personnalité et finalement notre comportement sont le résultat de ce que notre environnement nous fait vivre[8]. Voilà ce que défendent fondamentalement les tenants du béhaviorisme.

Le Soviétique Ivan Pavlov (1849-1936) et l'Américain J.B. Watson (1878-1958) sont considérés comme les pères du béhaviorisme. Ces deux chercheurs ont étudié, au début du XXe siècle, différents aspects de la relation stimulus-réponse chez les animaux et les humains et ont conclu que tous les comportements peuvent s'expliquer par l'histoire des apprentissages passés de l'individu. Autant en psychologie qu'en philosophie, cette hypothèse s'oppose à l'idée que le psychisme, l'esprit ou la raison humaine puissent déterminer nos comportements d'une manière plus ou moins indépendante de notre environnement.

Quant à Burrhus Frédéric Skinner, il eut une grande influence sur l'école béhavioriste américaine et il contribua, par ses recherches et ses écrits controversés, à la diffusion auprès d'un large public de cette « psychologie du comportement » fondée sur l'observation objective.

Skinner est né en 1904 dans la petite ville de Susquehanna en Pennsylvanie où son père était avocat. On dit qu'il eut une enfance heureuse et qu'il manifesta très tôt un esprit inventif. Après une tentative de carrière littéraire, il entreprit des études de psychologie à Harvard. Il y fut influencé surtout par ses lectures en psychologie des sciences et, plus particulièrement, par celles de John B. Watson, le fondateur du béhaviorisme américain.

Dès sa thèse de doctorat, Skinner adopte et radicalise la position béhavioriste. Il évacue non seulement toutes causes psychiques pour expliquer le comportement mais aussi toutes causes physiologiques auxquelles Watson faisait parfois appel[9]. En fait, ce que Skinner refuse, ce sont les théories qui expliquent un comportement observé par des événements survenant ailleurs (dans le psychisme ou à l'intérieur de l'individu) et décrits dans des termes différents et mesurés selon des dimensions diffé-

---

8. Le béhaviorisme n'interprète pas, par exemple, la facilité et le succès en mathématiques que connaît un individu en disant qu'il a un talent particulier ou qu'il possède la « bosse » des maths. Au contraire, le béhaviorisme expliquera une telle facilité en disant que cet individu a reçu dans son passé des informations mathématiques pertinentes ; qu'il s'est astreint à un apprentissage rigoureux ; qu'il a obtenu de bonnes notes lors de contrôles ; bref, qu'il a connu des expériences bénéfiques avec les mathématiques.

9. John N. Marquis, « Behavior Modification Theory, B.F. Skinner and Other », in *Operational Theories of Personality,* New York, Brunner-Mazel, 1974, p. 353.

rentes[10]. La méthode de Skinner sera d'observer des comportements et l'environnement dans lequel ils se produisent. Avec des rats, des pigeons et des singes, il expérimente en modifiant certains aspects de l'environnement et il note les variations de fréquence d'un comportement. Le premier livre qu'il écrit, *The Behavior of Organism* (1938), loin d'être une théorie du comportement, est simplement un compte rendu des relations découvertes entre les variations dans l'environnement et les variations dans le comportement.

Le béhaviorisme skinnérien ou l'être humain comme produit du milieu

La conception skinnérienne de l'être humain se présente comme le prolongement et l'application des recherches menées en psychologie expérimentale. Skinner s'est consacré, en effet, à la psychologie de laboratoire afin de découvrir les lois et les relations qui régissent le comportement et le milieu dans lequel il se produit. D'après Skinner, l'être humain n'est qu'un organisme qui « déploie un répertoire complexe de conduites[11] ». Il n'existe pas chez lui de vertu ou de trait de caractère ; tout ce que nous y trouvons et que nous pouvons étudier, ce sont des actions influencées par les circonstances du milieu qui modifient son comportement. Pour mieux comprendre le comportement humain, Skinner développa la notion de stimulus déjà utilisée par Pavlov et Watson. Il définit le stimulus comme étant « tout élément de la situation dans laquelle une réponse est émise et renforcée[12] ». Afin de mieux faire comprendre le sens de cette définition, il utilise le concept de contingence pour la résumer. D'après Skinner, ces contingences de renforcement suffisent à elles seules pour expliquer un comportement : « Le comportement engendré par un ensemble donné de contingences peut être expliqué sans faire appel à des états ou mécanismes internes purement hypothétiques[13]. » Voulant s'appuyer exclusivement sur les principes d'objectivité et de contrôle scientifique des hypothèses retenues, Skinner s'intéresse peu au « pourquoi » des comportements émis ; il privilégie le « comment », c'est-à-dire l'examen minutieux des réactions observables et mesurables que l'organisme produit dans un environnement donné. Cette recherche des principes régissant l'apprentissage amena Skinner à inventer le concept de *conditionnement opérant*.

L'apprentissage : tout est affaire de conditionnement opérant

L'être humain, comme tout organisme animal, a acquis un répertoire de comportements au cours de son histoire. Or, parmi l'ensemble des comportements que nous pouvons théoriquement poser, notre environne-

---

10. Voir la préface de *L'Analyse expérimentale du comportement,* Bruxelles, Dessart et Mardaga Éditeurs, 1971.
11. B.F. Skinner, *Par delà la liberté et la dignité,* Montréal, Hurtubise HMH, 1975, p. 242.
12. B.F. Skinner, *L'Analyse expérimentale du comportement, op. cit.,* p. 26.
13. *Ibid.,* p. 23.

ment sélectionne ceux qu'il considère adaptés en les renforçant. Nos comportements nous sont appris par l'environnement. Chaque fois que nous avons répondu à un stimulus d'une manière qui nous a été bénéfique, nous avons « appris » un comportement que nous répéterons dans des circonstances semblables. Voilà ce que Skinner a identifié comme étant le conditionnement opérant.

Il ne s'agit plus du conditionnement classique de Pavlov (le conditionnement répondant) où le stimulus provoque directement la réponse[14] ; il s'agit cette fois d'une réponse motivée par un stimulus-renforçateur qui augmente la probabilité que la réponse attendue soit émise. Ainsi, lorsqu'une personne dresse son chien à s'asseoir, elle dira d'abord « assis », appuiera ensuite sur le dos du chien, et enfin renforcera la position assise du chien en lui donnant un biscuit. La mère qui renforce son enfant à jouer correctement un morceau de piano en le gratifiant par des éloges ou en lui promettant une visite au parc aquatique s'il réussit constitue un autre exemple de conditionnement opérant.

Le renforcement qui établit un comportement peut être positif ou négatif. La nourriture, la boisson, la stimulation sexuelle ou l'approbation sont des exemples de renforcements positifs. Au contraire, tout ce qui fait souffrir l'organisme (douleurs physiques, anxiété, désapprobation) peut constituer un renforcement négatif : l'organisme apprendra alors à agir d'une façon telle qu'il évitera ces renforçateurs. Dans ses expériences, Skinner étudia principalement l'effet de différents programmes de renforcement sur l'établissement d'un comportement. En s'adonnant à cette « sélection artificielle », il découvrit que le renforcement à proportion variable[15] est celui qui a pour effet d'augmenter le plus la fréquence du comportement, alors que le renforcement qui vient à intervalle fixe[16] est le moins efficace.

L'homme programmable

S'appuyant sur une telle analyse empirique de l'apprentissage des comportements, Skinner élabora une théorie de techniques de contrôle du comportement. Si le béhaviorisme est une science, il doit permettre, par la connaissance des lois de la nature, d'intervenir pour la transformer à l'avantage de l'humanité.

À l'aide des lois de l'apprentissage du comportement[17], Skinner croit qu'il est possible et souhaitable d'intervenir pour transformer les compor-

---

14. Rappelons la célèbre expérience que Pavlov mena avec ses chiens : à chaque fois que de la viande était déposée sur la langue du chien, on actionnait une clochette (stimulus) ; or, après plusieurs essais, la clochette seule suffisait à faire saliver le chien. Ce chien avait donc appris à répondre (réponse conditionnée) à un stimulus auparavant neutre.
15. Un renforcement qui n'est accordé qu'après un nombre variable de bonnes réponses.
16. Intervalle de temps égal entre chaque renforcement.
17. Notons que Skinner applique les mêmes lois à l'apprentissage du langage, de la pensée, et même de la science. Pour en savoir davantage sur les principes d'apprentissage béhavioriste, consultez le chapitre 5 de *Introduction au béhaviorisme* de François Berthiaume, Montréal, Presses de l'Université de Montréal, 1986, pp. 39-46.

tements humains à l'avantage de l'individu et de la société. Il rappelle à ce propos, dans le deuxième chapitre de *L'Analyse expérimentale du comportement,* l'histoire des utopies sociales depuis Platon jusqu'à Marx en passant par saint Augustin, Robinson Crusoé et Thoreau. C'est à leur suite qu'il propose le principe fondamental d'une culture idéale, c'est-à-dire « une culture bien agencée [qui] est un ensemble de contingences de renforcement tel que les membres de cette culture agissent de façon à la préserver, à la faire survivre aux situations critiques et à la modifier dans le sens d'une possibilité sans cesse accrue de se perpétuer[18]. » En d'autres mots, l'environnement culturel (physique et mental) de l'individu devrait renforcer les comportements (pensées, paroles et actes) qui favorisent la survie de cet environnement.

Actuellement, les renforcements sociaux que sont la nourriture, la satisfaction sexuelle ou la manifestation d'agressivité ne mènent pas, selon Skinner, à des comportements utiles à la construction et au développement d'un environnement culturel équilibré. Puisque, de toute façon, nous sommes déjà conditionnés, il est urgent que nous acceptions que notre monde soit délibérément orienté dans un sens propre à faire grandir l'être humain plutôt qu'à le faire régresser. Il en va de notre bonheur car « les hommes sont heureux dans un environnement où les comportements actifs, productifs et créateurs sont renforcés par des moyens efficaces[19] ». Certes, le béhaviorisme n'a pas encore l'influence qu'il lui faudrait pour rendre tout le monde heureux comme Skinner l'en dit capable, mais il connaît néanmoins un grand succès en psychiatrie et en pédagogie. L'application de programmes de renforcement a produit, en effet, des résultats à d'innombrables reprises depuis les premières publications de Skinner dans les années 50. La thérapie béhavioriste et l'enseignement programmé sont des adaptations des programmes de renforcement mis au point par Skinner. Évidemment, ni les patients ni les élèves ne se plaignent qu'on entame leur liberté ou leur dignité !

Par delà la liberté et la dignité

On a souvent accusé Skinner de fournir des techniques pour contrôler les humains. Pour sa défense, disons qu'il propose plutôt de contrôler l'environnement, la culture, et que c'est ainsi que l'individu serait amené, avec ou sans un sentiment de liberté (cela n'a guère d'importance !), à faire ce qui serait le plus utile pour tous.

Skinner a analysé les résistances qu'ont suscitées ses théories dans un ouvrage publié aux États-Unis en 1971, *Beyond Freedom and Dignity*[20]. D'après lui, les conceptions de la liberté et de la dignité qui s'objectent à la planification de l'environnement sont des théories qui refusent à l'humain le contrôle de sa destinée. De toute façon, la liberté n'existe pas ; nous

---

18. B.F. Skinner, *L'Analyse expérimentale du comportement, op. cit.,* p. 66.
19. *Ibid.,* p. 97.
20. B.F. Skinner, *Beyond Freedom and Dignity,* New York, Alfred A. Knopf Editor, 1971.

sommes tous, dans tous nos comportements, déterminés à agir dans un certain sens. Ce que certains appellent le « libre choix » n'est en fait que le produit d'une histoire sociale et privée par rapport à laquelle l'individu n'est pas libre et qui, en réalité, détermine entièrement ses actes. « L'individu, dit Skinner, n'est ni source, ni origine. Il n'est au départ de rien. Et ce n'est pas lui qui survit. [...] Ce qui survit, c'est l'espèce et c'est la culture. Elles sont " au-delà de l'individu " dans ce double sens : elles le déterminent et elles lui survivent[21] ».

La liberté ou les contingences de renforcement

Les jeunes qui s'adonnent à la violence le font librement, disent les théories du libre arbitre et de la volonté libre. Si ces jeunes ne se sentaient pas menacés dans leur survie et s'ils n'étaient jamais renforcés dans leurs actions violentes, ils n'auraient pas « choisi » d'être violents, répond Skinner. De même pour le zèle au travail ou la paresse, l'oisiveté et l'apathie ou l'activité et la **créativité** ; tout cela a été créé par un environnement physique et social et peut être produit « artificiellement » par des programmes de renforcement.

Ainsi, pour les béhavioristes skinnériens, la créativité n'existe pas en tant que « faculté » innée. C'est l'histoire privée de l'apprentissage d'une personne qui fera qu'elle pourra ou non trouver des réponses nouvelles en regard de ce qui est considéré comme habituel. En d'autres termes, les personnes qu'on dit plus créatrices, plus inventives que d'autres le sont tout simplement parce qu'elles ont obtenu de leur milieu plus d'informations sur la manière de découvrir des réponses uniques, et parce qu'elles ont obtenu par la suite des renforcements positifs (elles ont par exemple été valorisées) lorsqu'elles en avaient trouvé. Selon une telle théorie, Wolfgang Amadeus Mozart serait devenu un grand compositeur uniquement parce que son père lui avait donné une solide formation et qu'il avait été gratifié, étant enfant, par toutes les cours d'Europe lors d'une tournée où il démontrait sa virtuosité précoce au clavier et au violon.

Apprendre n'est pas autre chose que subir un programme de renforcement, principalement verbal ; et le langage est aussi, selon Skinner, déterminé par l'environnement. Quant à la pensée abstraite que le langage permet, elle correspond aussi à de l'apprentissage conditionné ; elle est « le produit d'un type particulier d'environnement, non une faculté cognitive[22] ». La conscience, le regard que l'on pose sur soi-même, la connaissance que l'on a de soi, nos maux ou nos monologues intimes sont tous aussi des produits sociaux. En somme, l'auto-observation est, selon Skinner, le comportement que l'organisme adopte pour faire face à certaines contingences. Il en est de même du **contrôle de soi**. Ce n'est pas l'individu « autonome » qui décide de se contrôler de telle ou telle façon, mais bien les contingences présentes qui déclenchent chez l'individu des activités

21. B.F. Skinner, *L'Analyse expérimentale du comportement, op. cit.,* p. 76.
22. B.F. Skinner, *Par delà la liberté et la dignité, op. cit.,* p. 229.

apprises lors de contingences passées semblables à celles qui se présentent maintenant. Si, par exemple, un élève reste à la maison le samedi soir pour faire son travail de philosophie au lieu d'aller danser à la discothèque, ce n'est pas, selon l'interprétation béhavioriste, parce qu'il a une forte volonté ou une motivation inébranlable, mais bel et bien parce que ce comportement a été appris dans le passé et qu'il a été renforcé en se méritant de bonnes notes.

De l'autonomie à l'environnement

« Il est dans la nature d'une analyse expérimentale du comportement de dépouiller l'homme autonome des fonctions qui lui furent jusqu'ici attribuées pour les transférer l'une après l'autre à l'environnement qui exerce le contrôle[23]. » Plusieurs psychologues et philosophes ont reproché à cette analyse béhavioriste d'abolir « l'homme en tant qu'homme ». Et Skinner ne s'en défend pas : « Son abolition a été longtemps retardée. L'homme autonome est un dispositif que l'on invoque pour expliquer ce que l'on ne peut expliquer autrement. Il s'est construit de nos ignorances. [...] À " l'Homme en tant qu'homme ", nous disons : Bon débarras. Ce n'est qu'en le dépossédant que nous nous tournerons vers les véritables causes du comportement humain[24]. » En abolissant l'autonomie, c'est aussi la notion d'intention que supprime le béhaviorisme. Skinner ne nie pas, bien sûr, le sentiment subjectif de l'intention, mais il n'en reste pas moins qu'il considère l'intention comme « un sous-produit du comportement en relation avec ses conséquences ». En d'autres mots, l'intention est causée par les conséquences qu'aura tel comportement dans tel environnement, elle est un effet de nos comportements et non pas une cause.

Mais tout cela implique-t-il que l'homme ne soit qu'une marionnette ? Pas du tout, répond Skinner. L'environnement sélectionne nos comportements les plus adaptés, et en ce sens nous sommes déterminés par lui. Mais « l'environnement physique de la plupart des gens est pour une grande part de fabrication humaine. [...] L'environnement social est de toute évidence fait par l'homme[25] ». L'homme se fabrique en fabriquant son environnement, qu'il y ait planification délibérée ou pas. Cela fait dire à Skinner que « l'homme a "contrôlé sa propre destinée", pour autant que cette expression ait un sens. L'homme que l'homme a fait est le produit d'une culture qu'il a lui-même créée[26]. »

Toutes les « intentions » que chaque individu peut avoir en ce qui le concerne ou en ce qui concerne l'humanité sont fonction des conséquences que sa culture lui fait voir comme souhaitables et des moyens que cette culture lui donne pour les réaliser. Cet accent mis sur la responsabilité de la culture constitue la principale raison, d'après Skinner, des résis-

---

23. *Ibid.,* p. 240.
24. *Ibid.,* p. 243.
25. *Ibid.,* p. 249.
26. *Ibid.,* pp. 251-252.

tances face au béhaviorisme. Les individus ne veulent pas abandonner leur sentiment subjectif de responsabilité, de mérite, de dignité et de liberté. Or, ce n'est pas ce que le béhaviorisme skinnérien exige. Tout ce que cette théorie postule, c'est que ces sentiments sont le résultat de renforcements, et que de les expliquer scientifiquement n'empêche pas de les ressentir. « Aucune théorie, dit Skinner, ne change ce sur quoi elle porte[27]. » Une telle affirmation ne peut être réfutée. Mais le béhaviorisme skinnérien n'en demeure pas moins une théorie qui traite l'être humain comme une « machine » puisqu'il analyse son comportement en termes exclusivement mécaniques. Par ailleurs, on peut dire aussi que cette théorie enlève délibérément toute autonomie à la personne en octroyant à l'environnement seul le contrôle que l'être humain lui-même devrait, à notre sens, exercer.

---

27. *Ibid.*, p. 257.

ACTIVITÉ D'APPRENTISSAGE

Objectifs spécifiques

L'étudiant ou l'étudiante devra être capable de :

- analyser le problème philosophique de la liberté, c'est-à-dire décomposer une « mise en situation » en y décelant les éléments constituants et les liens qui les unissent, en vue de donner un schéma d'ensemble de la situation ;
- comparer, c'est-à-dire examiner les rapports de ressemblance et de différence entre les éléments fondamentaux identifiés à l'intérieur de la mise en situation proposée et les conceptions de la liberté et du déterminisme exposées aux chapitres 7 et 8.

PROBLÈME SUR LA LIBERTÉ[28]

À huit heures ce matin, un homme âgé de 27 ans s'est donné la mort à la station de métro Berri-UQAM. Il a marché nerveusement le long du quai. Il a attendu l'entrée en gare du premier wagon. D'un pas décidé, il a écarté les voyageurs massés aux abords de la rampe d'accès. Puis, il s'est jeté sur les rails, les pieds joints et les bras le long du corps, comme un plongeur. Les deux jambes coupées, la figure ensanglantée, le corps brûlé, il est mort sur le coup.

Cet homme ne déambulera plus dans la rue Saint-André, là où enfant il jouait à la balle et à la cachette. Il ne montera plus l'escalier lugubre. Il ne sera plus à la charge de sa mère. Il ne lira plus, accoudé à la table de la cuisine étroite, les offres d'emploi du *Journal de Montréal*. Il avait le métier de son père : concierge, mais depuis 24 mois il était en chômage : petites annonces, entrevues, rebuffades. À l'usine, le disant trop faible, on l'a refusé comme manœuvre ; au bureau, le directeur du personnel a regardé, l'air moqueur, ses habits démodés : pas d'emploi. Rester des jours entiers sur son lit avec le sentiment d'être inutile dans un monde qui vous refuse le droit au travail est injuste et révoltant ! Ce matin, il s'est donc introduit dans le métro à l'heure où l'on se rend au travail. Tous étaient contraints par l'horaire, affairés à leurs tâches quotidiennes. Lui était libre. Il pouvait aller au Musée des beaux-arts ou au Jardin botanique ; il était libre de penser à la morale aristotélicienne ou au dernier match des Expos. Mais en fait, il se sentait surtout libre de choisir entre le fusil et la rame de métro.

---

28. Ce texte est une adaptation d'un « fait divers » cité par Denis Huisman et André Vergez dans leur *Court traité de philosophie. (Métaphysique),* Paris, Fernand Nathan Éditeur, 1961, p. 141.

Questions

En vous servant de toutes les conceptions de la liberté et du déterminisme qui vous ont été présentées, répondez aux questions suivantes (minimum suggéré : deux pages) :

1. Dans quelle mesure cet homme était-il libre ?
2. Dans quelle mesure cet homme était-il non libre ?

9 La personne comme *homo consumens*[1]

L'homme de la société de consommation selon Erich Fromm

> *Nous avons l'abondance, mais nous n'avons pas la joie de vivre. Nous sommes plus riches, mais nous sommes moins libres. Nous consommons davantage, mais nous sommes plus vides... Nous avons beaucoup, mais nous sommes peu.*
>
> Erich Fromm, *De la désobéissance*, Paris, Robert Laffont, 1982, p. 82 et p. 87

Erich Fromm : psychanalyste et philosophe humaniste

Erich Fromm naît à Francfort (Allemagne), le 23 mars 1900. Enfant unique d'une famille juive orthodoxe, il grandit dans un milieu religieux et traditionnel. D'ailleurs, son grand-oncle maternel, rabbin de profession, se fait un devoir de lui enseigner scrupuleusement le **Talmud.** Fromm fait d'abord des études de droit à Francfort, puis il étudie la philosophie, la psychologie et la sociologie à Heidelberg. À l'âge de 22 ans, il obtient son doctorat de l'Université de Heidelberg. Puis, il suit une formation en psychanalyse à l'Université de Munich et il fréquente l'Institut psychanalytique de Berlin. À la suite d'une auto-analyse sous la supervision de Hans Sachs (l'un des disciples de Freud), dès 1925, il reçoit des patients en consultation et sa pratique psychanalytique se conforme alors à la plus stricte **obédience** freudienne.

Fuyant le nazisme hitlérien, Erich Fromm émigre aux États-Unis en 1934. Il est naturalisé citoyen américain. Dès lors, commence une longue

---

1. « *Homo consumens* » signifie littéralement « homme de consommation ».

et brillante carrière professorale à l'Institut international de recherches sociales, puis dans de nombreuses universités d'État : Colombia, Yale, Michigan, New York. À partir de 1951, il enseigne également au département de psychanalyse de l'Université nationale de Mexico. Parallèlement à son enseignement, il mène une carrière de thérapeute (de plus en plus éloigné de l'orthodoxie freudienne) et il participe aux travaux du Parti socialiste américain ainsi qu'à ceux du mouvement en faveur du désarmement (le SANE). En 1969, il s'installe en Suisse qui l'accepte comme citoyen d'honneur. Il y meurt le 18 mars 1980.

Les recherches menées par Fromm durant sa vie portèrent surtout sur le rôle de la culture dans la formation de la personnalité. C'est donc le rapport individu-société qui l'intéressait particulièrement. Son approche se voulait pluridisciplinaire et elle alliait, entre autres, la psychologie freudienne et la théorie sociale de Marx. La préoccupation centrale de Fromm étant la situation de l'homme du XXe siècle, il présente une analyse de ce que nous sommes devenus et de notre monde. Malgré la critique radicale qu'il fit de l'*homo consumens,* jamais Erich Fromm n'a cessé de croire en l'homme et en sa **perfectibilité.** En cela, il fut un grand humaniste et l'un des théoriciens de la culture les plus importants de notre époque[2].

La situation humaine ou les conditions spécifiques de l'existence de l'homme

À l'éternelle question « que signifie être homme ? », Erich Fromm a voulu apporter une réponse globale qui dépasserait les simples *manifestations d'humanité,* comme les comportements de générosité ou de cupidité, d'autonomie ou de dépendance. Il a donc voulu identifier les « conditions mêmes de l'existence humaine d'où jaillissent, comme des alternatives éventuelles, toutes les possibilités[3] ». Or, ces conditions se limitent, selon lui, au nombre de deux et elles sont à la fois intimement liées et radicalement opposées. Il s'agit en fait de la non moins éternelle dichotomie entre le corps et l'esprit. Par son corps, l'être humain est lié à la nature et au règne animal. Il éprouve des besoins instinctuels au même titre que les animaux. Mais l'homme est un bien curieux animal puisque le déterminisme instinctuel occupe chez lui un niveau peu élevé. Erich Fromm nous rappelle que l'être humain doit cette situation particulière au développement prodigieux de son cerveau qui a fait de lui un être doué de raison et d'imagination et qui, conséquemment, est conscient de son existence.

2. En plus de nombreux articles, Erich Fromm a publié plus de 20 ouvrages de large diffusion, dont *La Peur de la liberté* (Buchet-Chastel, 1963), *L'Homme pour lui-même* (Éditions sociales françaises, 1967), *Psychanalyse et Religion* (Éditions de l'Épi, 1968), *L'Art d'aimer* (Éditions de l'Épi, 1968), *Espoir et Révolution* (Stock, 1970), *Société aliénée et Société saine* (Le Courrier du Livre, 1971), *La Crise de la psychanalyse* (Anthropos, 1971), *La Passion de détruire* (Robert Laffont, 1975), *Avoir ou Être ?* (Robert Laffont, 1978).

3. Erich Fromm, *Espoir et Révolution,* Paris, Stock, 1970, p. 79.

Il faut avouer que ce tableau correspond, somme toute, à du déjà vu (rappelez-vous le premier chapitre de ce manuel). Mais Fromm ne s'arrête pas là : c'est la suite qui apporte un éclairage nouveau à la compréhension de ce que nous sommes. Par cette conscience que nous avons de nous-mêmes et de notre vie — conscience qui constitue l'une des conditions propres à l'existence humaine —, nous pouvons voir et comprendre, donc donner une signification à ce qui se trouve en face de soi et ainsi tenter d'accéder à la vérité. L'un des besoins fondamentaux de l'être humain est donc d'appréhender la réalité, c'est-à-dire de se représenter rationnellement les choses, les êtres et le monde. Mais dans la vie réelle, l'accession à la conscience n'est pas une mince affaire ; cela ne se fait pas magiquement et tout en douceur. Il faut apprendre, trouver des principes d'action à l'intérieur de la culture ambiante, affronter des choix, connaître des doutes et des craintes, essuyer des échecs, etc. En outre, cette conscience risque de nous lancer en pleine figure nos limites, nos faiblesses, nos impuissances, nos angoisses, notre propre finitude. On le voit, cette entreprise de conscientisation entraîne nécessairement un sentiment d'insécurité. Or, l'être humain, selon Fromm, recherche d'abord l'harmonie primitive avec la nature que sa dimension animale, présente en lui, a déjà connue. Et l'être humain serait prêt à payer chèrement le prix pour retrouver un nouvel équilibre dans son rapport au monde. « À travers leur souhait de sécurité, les hommes chérissent leur propre dépendance, spécialement si elle est rendue plus facile par un relatif confort matériel, et par les idéologies qui nomment le lavage de cerveau "éducation", et la soumission, "liberté"[4] ». Pour se sentir en sécurité avec lui-même et avec le monde, l'homme d'aujourd'hui accepte donc de mettre en berne sa raison critique, ses potentialités d'amour et de partage ; il accepte d'être mis dans un état de soumission, de dépendance et d'infantilisme que requiert de lui le système social actuel. En d'autres termes, il consent à conformer passivement sa pensée et sa conduite aux valeurs de propriété, de consommation, de réussite, etc., que lui propose la civilisation industrielle contemporaine[5]. Et ce faisant, il se perçoit lui-même d'une manière telle qu'il lui soit possible d'actualiser ces valeurs. Mais comment au juste s'appréhende-t-il dans la société de consommation ?

Relation de l'être humain avec lui-même dans la société de consommation

Puisque la société capitaliste occidentale est orientée en fonction de l'efficacité, du profit, de la quantification des données en vue de mesurer et de comparer, Fromm constate que l'organisation de la vie à l'intérieur de

---

4. *Ibid.*, p. 82.
5. Notons que le besoin de l'être humain de recourir à des valeurs pour orienter ses actes et ses sentiments constitue, selon Fromm, un autre élément fondamental de la situation humaine.

cette société incite l'être humain à « s'expérimenter lui-même comme un objet qui doit trouver un emploi réussi sur le marché[6] ». En effet, c'est le rôle économique et social qui définit aujourd'hui, d'une manière exclusive, l'être humain. Dans un tel cadre de référence, l'objectif primordial de ce dernier consiste à se vendre avec succès. Il ne se ressent pas lui-même comme un être actif doué de qualités qui lui sont propres. Il ne se sent pas animé d'une riche vie intérieure qui le comble. Il ne se perçoit pas lui-même comme un individu réel capable d'aimer, de craindre, de douter, d'adhérer et de défendre des certitudes, etc. Sous l'instigation du système économique, l'homme d'aujourd'hui s'envisage, au contraire, sous un angle abstrait ; il s'éprouve lui-même comme une abstraction, c'est-à-dire comme une donnée quantifiable remplissant une fonction particulière dans la société : « Je pratique la médecine ; je travaille 60 heures par semaine ; je vaux un demi-million de dollars ; j'ai atteint mes principaux objectifs de vie ; je suis heureux... » Ce témoignage anecdotique démontre que, de nos jours, l'individu a de plus en plus tendance à s'évaluer d'après sa réussite sociale. Il entraînera son corps afin d'avoir une belle apparence ; il cultivera son esprit et acquerra des connaissances dans l'unique but d'être bien équipé en vue de se positionner avantageusement dans la hiérarchie des promotions. Aujourd'hui, tout est affaire d'investissement et de rentabilité : l'effort fourni doit produire le meilleur profit possible. Même les grandes et belles valeurs comme la courtoisie, la bonté, la solidarité, le partage, etc., ne sont pas recherchées pour elles-mêmes, mais elles sont « regardées comme des marchandises, comme des biens personnels propres à augmenter sa valeur sur le marché[7] ». Dans *Man for Himself*[8], Fromm a décrit ce phénomène sous l'appellation « orientation marketing ». Or, si nous voulons bien cerner cette structure de caractère propre à la société contemporaine, il faut considérer la fonction économique du marché dans cette société. Contrairement au troc ancien où l'on tenait compte de la valeur utilitaire (« valeur d'usage ») des objets à échanger, aujourd'hui le prix des biens et des services est fixé uniquement en fonction de la loi de l'offre et de la demande. Ce concept de valeur marchande (ou, si l'on préfère, de « valeur d'échange ») d'un objet convoité par opposition à sa valeur utilitaire a une influence profonde sur les individus de la société de consommation. En effet, l'accent mis sur la valeur d'échange plutôt que sur la valeur d'usage d'un objet a amené l'être humain à se considérer lui-même selon le même schème de référence. L'orientation de caractère « marketing » s'applique à l'individu qui se voit lui-même comme une commodité dont la valeur principale est marchande. En conséquence, l'objectif primordial de l'individu possédant un caractère marketing sera d'offrir le maximum d'efficacité dans sa spécialité. Il fonctionnera d'une manière essentiellement froide et cérébrale,

---

6. Erich Fromm, *Société aliénée et Société saine,* Paris, Le Courrier du livre, 1971, p. 142.
7. *Ibid.,* p. 143.
8. Erich Fromm, *Man for Himself,* Greenwich, Conn., Fawcett Publications, 1969, pp. 75-89.

négligeant ou ne développant guère la sphère affective de sa vie. En fait, cet individu est carrément incapable d'attachement affectif authentique aux êtres et aux choses. Il calcule trop pour pouvoir aimer vraiment. Son but principal dans l'existence n'est pas de partager mais c'est celui de se vendre au plus offrant, c'est-à-dire de s'échanger sur le marché du travail contre la plus forte rémunération ou le statut le plus élevé.

Et si l'individu, affirme Erich Fromm, ne réussit pas à investir sa personne d'une manière profitable, il s'évaluera lui-même comme un échec. Ainsi, le sens de sa propre valeur provient de facteurs extérieurs à lui-même ; ce sens dépend exclusivement du jugement changeant que le marché porte sur sa propre personne. « *Quelle que soit l'importance des services qu'il puisse rendre en réalité, l'homme,* ajoute Fromm, *n'a donc de valeur marchande que dans la mesure où il trouve preneur sur le marché*[9] ». L'être humain a intériorisé cette idéologie d'une manière telle qu'il a tendance à se dire : « sans travail, sans fonction sociale reconnue, je ne suis rien ». Or, cette attitude n'est pas sans entraîner de graves conséquences. D'après Fromm, la perte du sens de son identité en est la principale. Mais qu'est-ce que le sens de l'identité ? C'est cette expérience qui me permet de me reconnaître moi-même en tant que *je,* c'est la capacité personnelle de me construire une représentation de moi-même comme « sujet de *mes* expériences, de *mes* pensées, de *mes* sentiments, de *mes* décisions, de *mon* jugement et de *mes* actes. Mais cela présuppose que mon expérience soit authentique et non pas aliénée. Les choses n'ont pas le sens du "*moi*" et les individus devenus des choses ne peuvent pas l'avoir non plus[10] ».

Cette incapacité de bâtir et de découvrir sa propre identité trouve cependant une certaine compensation dans la sécurité que procure l'adaptation aux autres ou, si l'on préfère, l'intégration au troupeau, le fait de se rattacher au « on ». En effet, dans la société industrielle contemporaine, l'être humain perd le sens de son identité, mais il acquiert un « *sens secondaire de lui-même...* en se voyant approuvé, estimable, utile, comblé par le succès, bref, en se considérant tel un produit commercial qui est *lui* parce que les autres le voient comme une entité, non pas unique mais conforme à un modèle courant[11] ». Dans un tel contexte, l'individu ne réussit à se donner une identité que dans la mesure où il est semblable aux autres, que dans la mesure où il ne se démarque d'aucune façon par rapport à la normalité. Il se conduit tel qu'il doit se conduire, c'est-à-dire de la manière dont le système social attend qu'il se conduise. Sans résistance, l'être humain de la société de consommation se fond dans la foule. Il accepte de s'intégrer dans un monde d'images, d'apparences, de conventions pour autant que ce monde lui octroie un statut. Il consent à se nourrir d'artifices, à vivre superficiellement, à orienter son existence en fonction de l'appât du gain,

---

9. Erich Fromm, *Société aliénée et Société saine, op. cit.,* p. 143.
10. *Ibid.,* p. 143.
11. *Ibid.,* p. 144.

du bien-être imbécile, de l'accumulation de gadgets nouveaux mais souvent inutiles, de la consommation passive de loisirs à la mode, etc. Toutefois, en atteignant un tel niveau de conformisme, il handicape sérieusement la possibilité même de développer sa personnalité d'une manière originale et créatrice.

Le conformisme de l'*homo consumens* apparaît dans toute sa vigueur lorsqu'on regarde vivre ces millions d'individus qui, en Amérique, conduisent leur existence comme si elle était une entreprise commerciale. En effet, bon nombre de gens ont tendance aujourd'hui à comptabiliser toutes leurs activités. Qu'ils aillent au cinéma, au concert ou au théâtre, qu'ils assistent à un spectacle ou qu'ils fassent un voyage, il se poseront nécessairement la question suivante : « Est-ce que ça valait l'argent dépensé ? » Dans notre société, ces diverses activités appartiennent à ce qu'on appelle « la Culture ». Or, ces loisirs culturels sont de plus en plus envisagés comme des biens de consommation qu'il fait bien de posséder comme on possède une voiture luxueuse ou le dernier modèle de chaîne stéréo. Dans certains milieux, c'est comme s'il était de bon goût d'avoir vu tel film, d'avoir lu tel roman, ou de s'être payé tel Club Med ; c'est comme si la valeur d'un loisir dépendait exclusivement de son succès sur le marché et non pas du plaisir réel qu'il apporte, ou encore de la transformation, sur le plan humain, que sa pratique entraîne. Ce besoin maladif de juger tous nos actes comme s'ils étaient des données quantifiables trouve aussi une illustration lorsque après une soirée passée en compagnie d'une fille ou d'un gars qui nous plaît, ou lorsque après une visite faite à un ami ou une amie, on se demande : « Est-ce que ça valait le temps investi ? » Même des activités comme la marche ou le jogging sont aujourd'hui estimées comme un « bon placement pour la santé plutôt qu'une activité agréable se suffisant à elle-même[12] ». Erich Fromm affirme que cette façon de vivre est tellement aliénée qu'elle fait naître dans l'esprit de l'*homo consumens* cette autre question fatidique : « La vie vaut-elle la peine d'être vécue ? » Une telle interrogation démontre, avec une certaine acuité, que les gens de la société de consommation évaluent leur existence en fonction des profits et des pertes, de l'actif et du passif. Comme à l'intérieur d'un bilan financier, ils concluront à la faillite de leur vie si le passif dépasse l'actif. N'ayant pas réussi à trouver bonheur et réconfort ni dans la relation à eux-mêmes ni dans le rapport aux autres, certains iront même jusqu'à quitter volontairement cette vie qui n'apporte pas suffisamment de dividendes.

Relation de l'être humain avec autrui dans la société de consommation

En cette fin de siècle, le besoin naturel de s'unir aux autres et de se relier au monde est réduit, selon Fromm, à sa plus simple expression. Dans la

---

12. *Ibid.*, pp. 148-149.

société de consommation, nos rapports à autrui ne s'appuient pas, en effet, sur les sentiments spécifiquement humains tels que l'amour, la tendresse ou l'empathie. Ces rapports revêtent une apparence d'amitié et de franchise afin de nous ménager l'autre (le voisin, le collègue de travail, le compagnon de classe) au cas où il pourrait éventuellement nous être utile. Mais en réalité, nous cultivons la distance, l'indifférence et la méfiance à l'endroit de l'Autre. « *Les relations de l'homme moderne avec ses compagons* s'établissent entre abstractions, entre machines vivantes qui s'utilisent mutuellement... La société moderne est formée d'"atomes" — pour reprendre le terme grec équivalent à l'individu —, petites particules étrangères les unes aux autres mais réunies par des intérêts égoïstes, et par la nécessité de se servir les unes des autres[13] ». En fait, nous avons tendance à considérer les autres (conjoint, conjointe, amant, maîtresse, ami, amie) comme entièrement consommables ; ne ressentant aucun lien profond et authentique envers eux, nous les utilisons au maximum, nous les épuisons de leurs substances propres et les jetons après usage.

Les relations interpersonnelles que cette société engendre sont donc caractérisées principalement par l'**égocentrisme** et l'**égotisme**. Ce qui intéresse les gens, dit Fromm, c'est exclusivement « *la partie personnelle et privée de leur vie, et non pas le secteur social, universel, celui qui les relie aux autres*[14] ». En conséquence, nous pourrions décrire notre rapport à autrui comme étant profondément narcissique. L'Occident, en effet, donne naissance à des Narcisses qui, tombant amoureux de leur propre image, deviennent incapables d'aimer autrui. Leurs principales préoccupations consistent à bichonner leurs corps et à atteindre la paix de l'esprit. Ils s'adonnent donc exclusivement à des pratiques (*jogging, body building,* méditation, thérapies de croissance personnelle, etc.) visant l'amélioration de leurs potentialités privées. Ils font le choix de se développer seuls plutôt que de prendre le risque de se limiter ou de se perdre en autrui. Ils se veulent un *je* autosuffisant donné au regard de l'autre, mais un autre non engageant, un autre gardé à distance. Au lieu de s'investir dans la relation à autrui, les Narcisses d'aujourd'hui misent avant tout sur eux-mêmes. Ils pensent que ce repli sur soi est une protection efficace contre l'éventuel envahissement de l'Autre dans leur vie.

À l'opposé de cette relation à autrui malsaine — parce qu'elle est exclusivement orientée vers soi —, Fromm valorise le seul sentiment qui puisse répondre au besoin qu'éprouve l'être humain d'être relié à l'Autre : l'amour. Bien sûr, il ne défend pas n'importe quelle sorte d'amour. Il ne nous invite pas à cette pratique amoureuse, fort en vogue aujourd'hui, qui consiste à rechercher « un échange favorable entre deux personnes qui obtiennent le maximum de ce qu'elles peuvent attendre, eu égard à leur valeur sur le marché de la personnalité[15] ». Cet amour utilitariste et calcu-

---

13. *Ibid.,* p. 140.
14. Erich Fromm, *Société aliénée et Société saine, op. cit.,* p.142.
15. *Ibid.,* p. 147.

lateur amène chacun des partenaires à se considérer comme un « paquet » dont les principaux atouts (belle apparence, bonne éducation, emploi envié, revenus élevés, etc.) constitue sa valeur d'échange. C'est comme si chaque « petit paquet » espérait rencontrer sur le marché de l'amour un autre « petit paquet » d'égale valeur ou de valeur supérieure à la sienne... Afin de dépasser ce rapport amoureux comptable, Erich Fromm nous convie à la relation amoureuse saine : celle qui permet de garder son intégrité et son indépendance ; celle où l'on n'y perd pas son individualité car il nous y est permis d'être soi-même ; celle où l'on aime l'autre pour ce qu'il est et non l'image idéalisée que l'on s'est faite de lui ; etc. Seul un tel amour permet de nous unir à l'autre ; seul, il permet de partager notre humanité avec son ou sa semblable car au lieu d'« avoir » l'autre comme on consomme une chose, il aspire à « être » avec lui[16].

Être humain : une alternative entre le mode *avoir* et le mode *être* d'existence ?

Le rapport qu'entretient l'*homo consumens* avec lui-même et avec ses semblables indique clairement que l'avoir constitue le but suprême de sa vie. Or, puisque ce mode fondamental d'existence alimente toute la culture occidentale, nous trouvons normal que notre relation au monde s'établisse exclusivement selon les critères de possession et de propriété. Nous avons tendance, en effet, à nous définir uniquement à partir de ce que nous avons : *je suis ce que j'ai*. L'ensemble de mes propriétés (choses et personnes) constitue mon identité propre. Dans *Man for Himself,* Fromm a donné le nom de « hoarding orientation »[17] (orientation de type acquisition) à cette tendance de plus en plus répandue aujourd'hui. Les individus dont le caractère est orienté de cette façon accumulent et économisent. Ayant peu confiance en ce que le monde extérieur peut leur apporter, ils s'entourent d'un mur protecteur ; ils se construisent une forteresse où ils entassent leurs acquisitions de toutes sortes. Leur avarice se reflète aussi bien en ce qui concerne les biens matériels et l'argent qu'en ce qui concerne leurs pensées et leurs sentiments. En amour, par exemple, ces individus auront tendance à considérer l'être aimé comme une possession. L'intimité dans la relation à l'Autre leur apparaissant comme menaçante, ils voudront posséder l'Autre pour se sentir en sécurité. Ces individus ont généralement beaucoup de connaissances, mais ils sont incapables d'une pensée productive et créatrice. Ils sont très ordonnés, très propres, et ce de façon **compulsive.** Ce sens aigu de l'ordre les amène à vouloir placer les gens selon un ordre strict : le leur. Cela leur donne un sentiment de sécurité face au monde extérieur : si chaque être ou chaque chose est bien à sa

---

16. Pour en savoir davantage sur l'amour aujourd'hui, vous pouvez consulter le livre que nous avons écrit en collaboration avec Serge Provost : Jacques Cuerrier et Serge Provost, *De l'amour-passion au plein amour,* Montréal, Stanké, 1988.
17. Erich Fromm, *Man for Himself, op. cit.,* pp. 73-75.

place, ils auront alors l'impression de maîtriser ce monde extérieur si inquiétant. Enfin, les individus dont la structure de caractère est orientée exclusivement en fonction de l'acquisition sont souvent très suspicieux car leur sens de la justice se définit en des termes manichéens : ce qui est à moi est à moi et ce qui est à toi est à toi.

Mentionnons que le fait de fonder ainsi son existence sur l'avoir peut être à la fois rassurant et menaçant. En effet, les objets et les gens que je possède sont là autour de moi ; leur présence habituelle m'assure une certaine tranquillité d'esprit : ma voiture de l'année est garée dans l'entrée de mon bungalow, mes enfants sont bien nourris, bien habillés, et ils dorment en paix, ma conjointe ou mon conjoint est assis à mes côtés sur mon divan de cuir véritable, et nous regardons la télévision... Mais d'autre part,

> parce que je *peux* perdre ce que j'ai, je suis nécessairement tracassé en permanence par l'idée que je *perdrai* ce que je possède. J'ai peur des voleurs, des changements économiques, des révolutions, de la maladie, de la mort, et j'ai peur de l'amour, de la liberté, de mon propre développement, du changement, de l'inconnu. Ainsi, je suis perpétuellement inquiet, malade d'une hypocondrie chronique, en ce qui concerne non seulement la perte de ma richesse, mais aussi la perte de tout ce que j'ai ; je reste sur mes gardes, je suis dur, soupçonneux, solitaire ; je me laisse mener par mon besoin d'avoir plus, pour être mieux protégé[18].

Le monde de l'avoir peut donc être aussi associé au monde de l'insécurité et de l'angoisse, qui entraîne celui de la convoitise, de la cupidité et de la compétition. J'éprouve un tel besoin de posséder et de conserver les choses et les êtres que j'envie ceux et celles qui ont plus que moi ; conséquemment, j'essaie de m'approprier, de conquérir, d'une manière souvent compulsive, le plus de biens possible. Toutefois, cette préoccupation et cette ambition matérialistes connaissent une limite majeure : mon insatisfaction chronique. D'après Fromm, ce n'est pas en obéissant au principe de la consommation immédiate de biens, de services et de personnes, c'est-à-dire en retardant le moins possible la satisfaction de mes désirs que je parviendrai à combler mon vide intérieur, ma solitude et mon ennui. Orienter son existence seulement en fonction du mode avoir, c'est s'inscrire dans une relation morte aux objets et aux personnes car le sujet que je suis n'acquiert alors vie que dans la mesure où il *a* au lieu de se définir par ce qu'il *est*.

Mais qu'en est-il au juste de ce mode *être* d'existence ? Présentons d'abord la première forme d'être décrite par Fromm, celle qui s'oppose au mode avoir d'existence et qui exprime un rapport vivant et authentique à

---

18. Erich Fromm, *Avoir ou Être ?* Paris, Robert Laffont, coll. « Réponses », 1978, p. 132.

soi-même, aux autres et au monde. Ainsi, un individu s'inscrivant dans le mode être d'existence s'éduquera à ce qu'on pourrait appeler une qualité de présence au monde. Il pourra, par exemple, *voir* une montagne au lieu de la *consommer* en voulant connaître son nom et sa hauteur, en la fixant sur une photo, ou encore en l'escaladant pour mieux en prendre possession. Il sera capable de voir authentiquement cette montagne, c'est-à-dire entrer en relation étroite avec elle en dehors de toute envie de la posséder. Par ailleurs, au lieu de se définir uniquement selon ce qu'il *a,* l'individu qui oriente sa vie en fonction du mode être d'existence s'appréhendera lui-même à partir de ce qu'il *est.* Or, la connaissance et l'actualisation de ce que nous sommes impliquent nécessairement, selon Fromm, les principales conditions suivantes : l'indépendance, la liberté et l'aptitude à l'évaluation critique. Point d'être, en effet, sans la capacité de déterminer soi-même, de façon éclairée et autonome, les idées et les règles de conduite auxquelles nous voulons adhérer. Être exige, pourrions-nous dire, une clairvoyance dans notre relation à soi et à autrui. Être commande aussi l'aptitude à *être actif et productif.* Au lieu de nous affairer, de nous agiter frénétiquement dans le monde extérieur, comme le mode avoir d'existence nous y convie, le mode être met l'accent sur le déploiement d'une riche vie intérieure où l'on cultive ses propres virtualités afin de « se renouveler, de développer, déborder, aimer, transcender la prison du moi isolé[19]... ». Tout comme Emmanuel Mounier, Fromm nous invite à la découverte et à la construction de notre intégrité personnelle, mais il nous exhorte aussi à être attentifs, intéressés aux autres ; il nous encourage à l'enracinement de soi dans l'expérience de la fraternité universelle. Ainsi les autres ne nous apparaîtront pas comme une menace à notre identité et à notre sécurité personnelles puisque notre centre et notre force seront à l'intérieur de nous-mêmes. En outre, notre capacité d'actualiser nos potentialités humaines fera partie de notre structure de caractère et relèvera seulement de nous-mêmes.

> Dans le mode de l'être, dit Fromm, ma sécurité n'est menacée que de l'intérieur de moi-même : par mon manque de confiance en la vie et en mes pouvoirs productifs ; par mes tendances régressives ; par ma paresse intérieure et par ma résignation à voir les autres s'emparer de ma vie. Mais ces dangers ne sont pas *inhérents* au mode de l'être, comme le danger de perdre est inhérent au mode de l'avoir[20].

La seconde forme d'être identifiée par Fromm se dresse contre le *paraître* afin de mettre en évidence la nature véritable d'une personne et non sa **persona**, c'est-à-dire les différents masques et personnages qu'elle utilise dans sa relation sociale. Cet être sans masque constitue ce que nous

---

19. *Ibid.,* p. 108.
20. *Ibid.,* p. 133.

sommes profondément et authentiquement ; il correspond à notre structure de caractère réelle et non à l'image contrefaite et travestie de nous-
mêmes qu'impose la société de consommation. « En ce sens, dit Fromm,
toute tentative d'accroître le secteur de l'être revient à plonger davantage dans la réalité de soi-même, des autres et du monde qui nous
environne[21] ».

Par le biais du mode être d'existence, Erich Fromm brosse le portrait
d'un être humain dont la principale tâche est de s'épanouir pleinement en
réalisant toutes ses potentialités. Mais pour ce faire, il devra redécouvrir
l'essence même de son humanité : l'autonomie. Il devra redevenir créatif,
c'est-à-dire penser et sentir les choses par lui-même. Il devra aussi réap-
prendre à aimer et à aller au-delà de lui-même. Il devra réorienter sa vie en
fonction de valeurs autres que celles du gain, du confort et de l'acquisition
de gadgets de toutes sortes que lui propose la société de consommation.
Bref, il devra *être* au lieu de bêtement consommer et de se définir exclusivement en fonction de l'*avoir*.

---

21. Erich Fromm, *Avoir ou Être ? op. cit.*, p. 121.

ACTIVITÉ D'APPRENTISSAGE

Objectifs spécifiques

L'étudiant ou l'étudiante devra être capable de :
- évaluer, c'est-à-dire porter des jugements fondés sur la valeur qu'il ou elle accorde à des « qualités » humaines identifiées par Erich Fromm ;
- synthétiser, c'est-à-dire réunir des éléments séparés afin de former un tout cohérent (une œuvre personnelle où l'étudiant ou l'étudiante développe sa propre conception de l'être humain).

« Pour échapper au mode avoir d'existence et accroître le mode être », Erich Fromm propose les 20 « qualités » suivantes que nous devrions travailler à acquérir sur le plan de notre « structure de caractère » si nous voulons devenir un « Homme nouveau » :

- La sécurité, le sentiment d'identité et la confiance en soi fondés sur ce qu'on *est,* sur le besoin de se lier au monde environnant, de s'intéresser à lui, de l'aimer et d'en être solidaire ; et non sur le désir de posséder, de contrôler le monde et, ainsi, de devenir l'esclave de ce que l'on possède.
- L'acceptation du fait que rien ni personne, en dehors de soi-même, ne peut donner une signification à la vie, mais que cette indépendance absolue, ce détachement vis-à-vis des biens matériels peuvent devenir la condition d'une pleine activité consacrée au souci des autres et au partage.
- Être totalement présent, où qu'on soit.
- La joie doit venir du don et du partage, et non de l'accumulation des biens et de l'exploitation des autres.
- L'amour et le respect de la vie, sous tous ses aspects, tout en sachant que ce qui est sacré, ce ne sont pas les biens, la puissance, tout ce qui est mort, mais la vie et tout ce qui relève de son épanouissement.
- Essayer autant que possible de réduire la cupidité, la haine et les illusions.
- Vivre sans adorer les idoles et sans illusions, parce qu'on a atteint un état qui n'a pas besoin d'illusions.
- Développer sa capacité d'aimer en même temps que sa capacité d'exercer une pensée critique et non sentimentale.
- Se débarrasser de son narcissisme et accepter les limites douloureuses inhérentes à l'existence humaine.
- Faire de sa propre croissance et de celle de ses semblables le but suprême de sa vie.
- Savoir que pour atteindre cet objectif, la discipline et le respect de la réalité sont indispensables.

- Savoir, également, qu'aucune croissance ne peut être saine si elle ne s'accomplit pas au sein d'une structure, et connaître la différence entre la structure en tant qu'attribut de la vie et l'« ordre » en tant qu'attribut de la non-vie, de ce qui est mort.
- Développer son imagination, non pour fuir des conditions intolérables, mais pour prévoir les possibilités réelles de se débarrasser de ces conditions.
- Ne pas tromper les autres, mais, également, ne pas se laisser tromper par eux ; on peut être jugé candide, mais non naïf.
- Se connaître soi-même ; non seulement le moi qu'on connaît, mais aussi celui qu'on ne connaît pas, même si on a une connaissance passive de ce qu'on ne connaît pas.
- Sentir son adéquation avec tout ce qui est en vie et, par conséquent, cesser de vouloir conquérir la nature, la soumettre, l'exploiter, la violer, la détruire ; essayer au contraire de la comprendre et de coopérer avec elle.
- La liberté n'est pas une affaire arbitraire, mais la possibilité d'être soi-même, non pas un magma de désirs cupides, mais une structure délicatement équilibrée qui, à tout moment, se trouve devant cette alternative : croître ou dégénérer, vivre ou mourir.
- Savoir que seuls quelques rares individus ont atteint la perfection dans toutes ces qualités ; mais ne pas avoir l'ambition d'« atteindre le but », en sachant que cette ambition n'est qu'une autre forme de cupidité, une autre manifestation du mode avoir.
- Le bonheur se trouve dans le processus d'un appétit de vivre toujours croissant, quel que soit le point extrême que l'on puisse atteindre ; vivre aussi pleinement qu'on le peut est si satisfaisant qu'on ne risque guère de s'inquiéter de ce que l'on peut ou de ce que l'on ne peut pas atteindre.

Erich Fromm, *Avoir ou Être ?* Paris, Robert Laffont, coll. Réponses, 1978, pp. 196-198.

Questions

1. Parmi ces 20 qualités, identifiez, pour votre propre compte, celles que vous croyez que l'être humain devrait prioritairement posséder. (*Consigne :* Vous devez défendre votre choix, c'est-à-dire donner les raisons pour lesquelles vous privilégiez ces qualités.)
2. En vous servant des qualités que vous venez de sélectionner et en utilisant les éléments des conceptions de l'homme présentées dans ce manuel, éléments que vous évaluez dignes d'intérêt, présentez dans un texte suivi votre propre conception de l'être humain. (*Consigne:* Au moins un élément ou caractère appartenant à chacune des conceptions de l'être humain doit être pris en considération. — N.B. : Minimum et maximum suggérés : entre 6 et 8 pages.)

Conclusion

Nous voici arrivés au terme d'un voyage au cœur de l'humain. Dans ce périple, nous avons retenu neuf façons différentes d'aborder, de se représenter, de comprendre la personne. Or, ce que ces conceptions de l'être humain ont en commun, c'est leur volonté de débarrasser l'homme des illusions qui cachent et déforment sa réalité. Les auteurs, dont il a été question dans ce manuel, peuvent, à juste titre, être considérés comme de grands esprits. Ils expriment tous le même désir : celui de renoncer aux fausses divinités, d'aller au-delà des apparences et de l'ignorance afin de saisir ce qu'est la personne. Animés d'une soif passionnée de vérité, ils ont tous participé à cette magnifique entreprise — toujours à recommencer — de donner un sens à ce que nous sommes. Ces maîtres à penser ont contribué, chacun à leur manière, à une meilleure et à une plus profonde compréhension de l'humain même si certains l'ont fait de façon souvent radicale. En ce qui nous concerne, disons-nous que notre propre réflexion sur l'être humain gagnera toujours à se nourrir de leurs œuvres et de leurs pensées.

Les neuf conceptions de la personne qui vous ont été présentées dans cet ouvrage peuvent être considérées comme autant de tableaux accrochés au mur de la pensée. Le dixième à y être suspendu pourrait être le vôtre : celui auquel vous donnerez vie à partir des données, des couleurs, des perspectives que vous aurez retenues. Espérons que votre participation à la définition de l'homme se fera de manière vivante, tout en demi-teintes et en nuances ! Car il ne faut pas oublier que définir la personne, c'est pénétrer dans les profondeurs de cette réalité humaine par laquelle nous sommes tous essentiellement humains. Cette entreprise constitue l'œuvre de toute une vie à laquelle nous nous devons tous de participer si nous voulons rester humains.

Glossaire

actualiser (s') Matérialiser dans des actes concrets les virtualités (pouvoirs, talents, qualités, etc., que possède un individu) non encore réalisées dans la vie réelle.

allégorie Expression d'une idée abstraite par une image ou un tableau qui la résume.

antagonisme Opposition de deux forces rivales.

apartheid Mot inventé par les Afrikaners d'Afrique du Sud pour exprimer leur foi dans l'idée que Dieu a voulu que les races soient maintenues séparées. Apartheid signifie donc développement séparé, monde divisé, répartition ségrégationniste des populations et des habitats.

aphoristique Qui se rapporte à l'aphorisme, sorte de maxime qui résume, de façon concise et parfois lapidaire, une appréciation ou un jugement d'ordre moral. Généralement énigmatique, son sens nécessite une interprétation minutieuse.

apostolique Se dit d'une mission dont le but est la propagation de la foi à l'exemple des apôtres du Christ.

cartésianisme Qui se rapporte à la philosophie de Descartes.

compulsion Obligation d'accomplir une action quelconque sous peine d'angoisse ou de culpabilité.

conscient Le conscient peut être défini comme une intuition par laquelle, dans l'immédiat, je me sens présent à moi-même et distinct de la réalité extérieure.

contrôle de soi Capacité de se maîtriser soi-même, de dominer ses réactions, de se priver de quelque chose ou de quelqu'un par la seule force de son caractère.

créativité Capacité de manifester une réponse originale et inédite par rapport à ce qu'une personne a appris dans un milieu donné.

déterminisme   Doctrine selon laquelle tous les phénomènes (pensées, actions, événements, etc.) résultent nécessairement des causes antérieures qui les ont produits.

discours   Expression de la pensée qui appréhende le réel en procédant d'une manière logique, méthodique et démonstrative.

dogmatisme   Fait, pour une conception de l'être humain, de se présenter de façon absolue comme si elle correspondait à une vérité incontestable ou relevait d'un article de foi.

égocentrisme   Le Petit Robert (1973) définit l'égocentrisme comme « la tendance à tout rapporter à soi, à ne s'intéresser aux êtres et aux choses que dans la mesure où l'intérêt qu'on porte à soi-même s'en trouve éveillé ».

égotisme   Le Petit Robert (1973) définit l'égotisme comme « le culte du moi, la poursuite trop exclusive de son développement personnel ».

empirisme   Doctrine philosophique selon laquelle toutes les connaissances proviennent de l'expérience. D'après Aristote, la connaissance des principes résulte, non de l'expérience seule, mais d'une élaboration des données de l'expérience par la raison. Mais il n'en reste pas moins que tout savoir doit être fondé sur l'expérience et sur l'observation.

endocrinien   Le système endocrinien est constitué de toutes les glandes qui sécrètent leurs substances directement dans le sang (ex. : le foie, la thyroïde).

essence/existence   Pour la philosophie classique, l'existence désigne le fait d'être, c'est-à-dire la réalité vivante, vécue, par opposition à l'essence qui dit ce qu'est la chose, ce qui constitue sa nature intime.

hégémonie   Suprématie, autorité, domination.

idéaliste   Brièvement défini, se dit, en philosophie, de la doctrine d'après laquelle le monde extérieur se réduit aux idées que nous en avons.

inhibitrice   Se dit du processus qui met au repos les données psychiques imprudentes ou inconvenables en les empêchant de se produire ou d'arriver à la conscience.

intellection   Acte par lequel l'esprit conçoit. Correspond à la faculté de connaître en tant que telle.

introjecter   Terme psychanalytique décrivant le processus inconscient par lequel l'enfant, par exemple, incorpore l'image des parents à son *moi* et à son *surmoi*.

mécanisme de défense   Les mécanismes de défenses sont des procédés inconscients utilisés par le *moi* pour canaliser ou contrôler les pulsions du *ça* qui risqueraient de porter atteinte à l'équilibre de la personnalité. Ces procédés (refoulement, projection, formation négative, fixation, régression) instaurent un compromis défensif entre le désir et la réalité. Afin de protéger le *moi* menacé d'angoisses, ces procédés peuvent déformer ou même refuser la réalité.

médiation   Le travail est considéré par Marx comme un processus créateur qui sert d'intermédiaire entre l'être humain et le monde.

métaphysique   Partie de la philosophie qui fait la recherche rationnelle, au-delà des données de l'expérience, des causes premières et des principes des choses.

mythique   Se dit du mythe, défini par le Petit Robert (1973) comme « un récit fabuleux qui met en scène des êtres incarnant sous une forme symbolique des forces de la nature, des aspects de la condition humaine ». Ainsi, un mythe grec expliquait la mort des marins en mer par l'action des sirènes. En émettant un chant langoureux, ces dernières rendaient les marins fous, de sorte qu'ils plongeaient d'eux-mêmes par-dessus bord pour aller les rejoindre.

narcissique   Se dit de quelqu'un qui porte une attention exclusive à sa propre personne et à ses propres besoins, de sorte que toutes ses énergies affectives sont dirigées sur lui-même.

névrose/hystérie   La névrose est une affection nerveuse sans lien avec une lésion organique connue, mais intimement liée à la vie psychique du malade (ex. : la paranoïa). L'hystérie, quant à elle, est une classe de névrose avec symptôme corporel (ex. : crise émotionnelle avec paralysie d'un membre).

noétique   Concept utilisé par Aristote pour désigner l'acte par lequel l'intellect pense ce qu'il pense.

obédience   Obéissance ou soumission à une doctrine ou à un maître spirituel.

objectiver (s')   En parlant de l'individu, manifester extérieurement un fait de conscience subjectif. Dans le présent contexte, la phrase pourrait donc se lire de la manière suivante : [...] l'homme se juge, s'exprime, se manifeste de façon inhumaine.

paralogisme   Faux raisonnement fait de bonne foi.

perfectibilité   Caractère de ce qui est perfectible, c'est-à-dire susceptible d'être amélioré.

persona   « La persona [...] est une sorte de masque que l'individu revêt, d'une part, pour produire un certain effet déterminé ; d'autre part, pour cacher sa vraie nature. » (C.G. Jung, *Le Moi et l'Inconscient,* Paris, Gallimard, 1938.)

philologie   Le Petit Robert (1973) définit la philologie comme « l'étude d'une langue par l'analyse critique des textes ».

préceptorat   Temps pendant lequel s'exerce la fonction de précepteur, lequel a la charge d'instruire et d'éduquer un enfant de famille noble.

psychique   Se dit du psychisme, lequel constitue l'ensemble des faits psychiques (tout ce qui concerne la personnalité, l'« âme », l'« esprit ») qui sont à l'origine des attitudes et des comportements d'un individu.

pulsion   Correspond à une poussée biologique innée (instinct) dont l'unique but est de se satisfaire à l'aide d'un objet. Selon Freud, il existe deux pulsions fondamentales : *Éros* (pulsion sexuelle/instinct d'amour) et *Thanatos* (pulsion de mort/instinct de destruction).

rationalisme   Doctrine d'après laquelle toute connaissance certaine provient de la raison. Conséquemment, cette philosophie estime que l'esprit humain possède la faculté de former des concepts et des principes rationnels lui permettant de rendre intelligibles et compréhensibles les choses et les êtres.

réactionnaire   Se dit d'une attitude ou d'une action qui s'oppose aux changements socio-politiques et qui vise à conserver les institutions du passé.

réductionnisme   Position qui consiste à défendre un principe explicatif unique qui rendrait compte de ce qu'est l'homme dans sa totalité. Une telle attitude valorise généralement une seule dimension de l'être humain en négligeant toutes les autres, et ce faisant, elle escamote la diversité et la complexité de l'humain.

refoulement   Mécanisme psychique de défense qui repousse dans l'inconscient les tendances ou les désirs sexuels et agressifs non acceptés par le milieu familial et social.

représentation   Idée ou image qu'on se fait du monde, d'une situation ou d'un vécu donné.

rhétorique   Art de l'argumentation et de l'éloquence qui, à l'époque de Platon, était enseigné aux fils de noble lignée pour que ces derniers puissent participer avec habileté aux joutes oratoires lors des Assemblées.

sophistes démagogues   Politiciens qui, à l'époque de Platon, flattaient les masses pour gagner leur faveur (usaient de démagogie) et qui utilisaient l'art de parler en public afin de l'emporter sur leurs adversaires en défendant n'importe quelle thèse par des arguments fallacieux (sophismes). Ces politiciens voulaient davantage convaincre qu'établir la vérité.

spéculative   Qui appartient à la théorie, à la recherche abstraite.

spiritualisme   Doctrine d'après laquelle l'esprit ou l'âme constitue la substance de toute réalité. La philosophie spiritualiste considère l'esprit comme une entité distincte et supérieure à la matière en général et au corps en particulier.

Talmud   « Enseignement » en hébreu. Le Talmud est un volumineux ouvrage qui constitue la référence fondamentale du judaïsme (religion des Juifs). Le Talmud contient les observances, les interdits individuels et les règles de conduite concernant tous les points de la vie religieuse et civile.

théologie   Le Petit Robert (1973) définit la théologie comme « l'étude des questions religieuses fondée pincipalement sur les textes sacrés, les dogmes et la tradition».

totalisant   Se dit d'une signification synthétique et universelle qui embrasse l'ensemble des êtres humains.

totalitarisme   Caractère de l'individu, de l'institution ou du régime politique qui n'admet aucune opposition et qui veut tout contrôler en étendant son pouvoir et sa compétence de façon abusive.

Bibliographie

ANDRÉAS SALOMÉ, Lou, *Friedrich Nietzsche,* Paris, Réimpressions Gordon et Breach, 1970.

ARISTOTE, *De l'âme,* Paris, Librairie philosophique J. Vrin, Bibliothèque des textes philosophiques, 1977.

ARISTOTE, *Éthique à Nicomaque,* Paris, Librairie philosophique J. Vrin, Bibliothèque des textes philosophiques, 1987.

BEAUVOIR, Simone de, *Pour une morale de l'ambiguïté,* Paris, Gallimard, coll. Idées, 1968.

DESCARTES, René, *Œuvres et Lettres,* Paris, Bibliothèque N.R.F. de la Pléiade, 1953.

FREUD, Sigmund, *L'Interprétation des rêves,* Paris, P.U.F., 1967.

FREUD, Sigmund, *Abrégé de psychanalyse,* Paris, P.U.F., 1967.

FREUD, Sigmund, *Essai de psychanalyse,* Paris, Petite Bibliothèque Payot, 1968.

FREUD, Sigmund, *Malaise dans la civilisation,* Paris, P.U.F., 1971.

FROMM, Erich, *Man for Himself,* Greenwich, Conn., Fawcett Publication, 1969.

FROMM, Erich, *Espoir et Révolution,* Paris, Stock, 1970.

FROMM, Erich, *Société aliénée et Société saine,* Paris, Le Courrier du livre, 1971.

FROMM, Erich, *Avoir ou Être ?* Paris, Robert Laffont, coll. Réponses, 1978.

FROMM, Erich, *De la désobéissance,* Paris, Robert Laffont, coll. Réponses, 1982.

LABORIT, Henri, *La Nouvelle Grille,* Paris, Robert Laffont, coll. Réponses, 1974.

LABORIT, Henri, *Éloge de la fuite,* Paris, Gallimard, coll. Idées, 1981.

LABORIT, Henri, *La Vie antérieure,* Paris, Grasset, 1989.

MARX, Karl, *Œuvres (philosophiques),* Paris, Gallimard, Bibliothèque de la Pléiade, 1972, t. I.

MARX, Karl, *Œuvres (économie),* Paris, Gallimard, Bibliothèque de la Pléiade, 1972, t. I et t. II.

MARX, Karl, *Thèses sur Feuerbach, in L'Idéologie allemande,* Paris, Éditions sociales, 1988.

MARX, Karl et Friedrich ENGELS, *Manifeste du Parti communiste,* Paris, Union générale d'éditions, coll. 10-18, 1962.

MARX, Karl et Friedrich ENGELS, *L'Idéologie allemande,* Paris, Éditions sociales, 1968.

MOUNIER, Emmanùel, *Œuvres,* Paris, Seuil, t. I (1961) et t. II (1962).

MOUNIER, Emmanuel, *Le Personnalisme,* Paris, P.U.F., coll. Que sais-je ? 1985.

NIETZSCHE, Friedrich, *Ainsi parlait Zarathoustra,* Paris, Gallimard, coll. Le Livre de poche classique, 1965.

NIETZSCHE Friedrich, *Par delà le bien et le mal,* Paris, Union générale d'éditions, coll. 10-18, 1967.

NIETZSCHE, Friedrich, *La Généalogie de la morale,* Paris, Gallimard, coll. Idées, 1969.

NIETZSCHE, Friedrich, *Le Gai Savoir,* Paris, Union générale d'éditions, coll. 10-18, 1973.

PLATON, *Œuvres complètes,* Paris, Gallimard, Bibliothèque de la Pléiade, t. I et t. II, 1950.

SARTRE, Jean-Paul, *Huis clos,* Paris, Gallimard, coll. Le Livre de poche, 1967.

SARTRE, Jean-Paul, *L'existentialisme est un humanisme,* Paris, Nagel, 1968.

SARTRE, Jean-Paul, *L'Être et le Néant,* Paris, Gallimard, Bibliothèque des Idées, 1968.

SKINNER, B.F., *L'Analyse expérimentale du comportement,* Bruxelles, Dessart et Mardaga Éditeurs, 1971.

SKINNER, B.F., *Par delà la liberté et la dignité,* Montréal, Hurtubise HMH, 1975.

Dans la même collection :

Gilles Boudrias, *L'Art de convaincre,* 1989, 131 p.

Donald Martel, *Conscience et engagement,* 1989, 110 p.

Robert Tremblay, *Savoir-faire, précis de méthodologie pratique pour le collège et l'université,* 1989, 226 p.

Robert Tremblay, *Vers une écologie humaine,* 1990, 172 p.